Jens Sobisch

CITY|TRIP MAILAND UND BERGAMO

Nicht verpassen!

Karte S. 3

1 Dom [E4]
Die gotische Kathedrale ist nach dem Petersdom das zweitgrößte Gotteshaus Italiens. Die Glasfenster des Chors gehören zu den höchsten der Welt. Besonderes Highlight ist ein Spaziergang über die Domterrassen (s. S. 14).

2 Galleria Vittorio Emanuele II [E4]
Seit 1867 kann man in der weltberühmten Einkaufspassage flanieren, shoppen und speisen. Die Glaskuppel über dem Zentrum hat eine Höhe von 47 m (s. S. 18).

9 Teatro alla Scala [E4]
Hier finden seit 1778 Opernaufführungen von Weltrang statt. Von außen wirkt das Gebäude eher schlicht, innen gehen den Besuchern Augen und Ohren auf (s. S. 25).

17 Pinacoteca di Brera [E3]
Werke von Raffael, Caravaggio, Rubens, Rembrandt, El Greco u. a. machen die Pinacoteca zu einem der bedeutendsten Museen der Welt. Schon das palastartige Gebäude aus dem 17. Jahrhundert lohnt einen Besuch (s. S. 31).

19 Castello Sforzesco [D3]
Im 14. Jh. als wuchtige Festungsanlage errichtet, ist die Burg heute ein beliebtes Ausflugsziel. Vor dem Haupteingang und im riesigen Innenhof ist immer etwas los. Erholungsuchende stürmen den weitläufigen Parco Sempione gleich hinter der Anlage (s. S. 33).

24 Basilica di Santa Maria delle Grazie und da Vincis „Abendmahl" [B4]
Die große Basilika kombiniert gotische mit Renaissance-Elementen. Da Vincis Meisterwerk begeistert Kunstfreunde (s. S. 38).

28 Museo Nazionale della Scienza e della Tecnologia Leonardo da Vinci [B5]
Hier gibt es Erfindungen aus verschiedenen Epochen und eine Abteilung zu da Vinci und seinen Geniestreichen (s. S. 46).

31 Navigli-Viertel [C7]
Früher unentbehrlich für die Versorgung der Stadt, haben sich der Wasserkanal Naviglio Grande und seine nähere Umgebung inzwischen zum schicken Boheme-Viertel gemausert (s. S. 50).

37 Bergamo [S. 58]
Bergamo ist nicht nur empfehlenswertes Ausflugsziel, sondern auch ein guter Stützpunkt für ein preiswerteres Erleben der Metropole Mailand (s. S. 56).

Leichte Orientierung mit dem cleveren Nummernsystem

Die Sehenswürdigkeiten sind im Text und im Kartenmaterial mit derselben **magentafarbenen ovalen Nummer** 1 markiert. Alle anderen Lokalitäten wie Geschäfte, Restaurants usw. tragen ein **Symbol und eine fortlaufende rote Nummer** (1). Die Liste aller Orte befindet sich auf S. 140, die Zeichenerklärung auf S. 143.

Mailand auf einen Blick

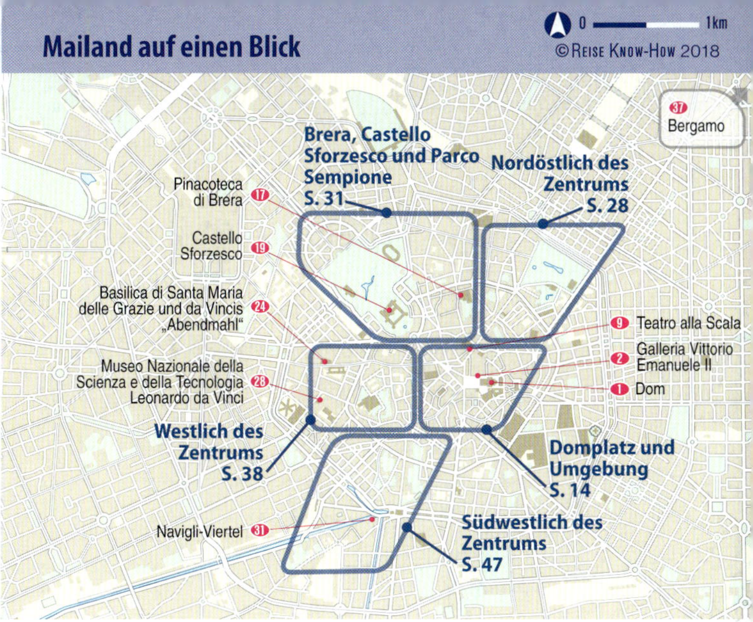

Inhalt

Blick vom Domdach ❶ in Richtung der italienischen Alpen (001ma Abb.: js)

Zeichenerklärung

★★★ nicht verpassen
★★ besonders sehenswert
★ wichtig für speziell interessierte Besucher

[A1] Planquadrat im Kartenmaterial. Orte ohne diese Angabe liegen außerhalb der Karten. Ihre Lage kann aber wie die von allen Ortsmarken mithilfe der begleitenden Web-App angezeigt werden (s. S. 143).

Updates zum Buch

www.reise-know-how.de/citytrip/mailand18

Vorwahlnummern

› **Italien:** 0039
› **Mailand:** 02 (s. S. 123)
› **Bergamo:** 035

Adressen

Eine Erklärung zu den häufigsten Abkürzungen von Adressangaben findet sich auf S. 142.

Mailand zählt zu den dynamischsten und stilvollsten Städten der Welt. Die stolzen Mailänder folgen keinen Trends – sie schaffen sie selbst! Das gilt für Mode, Design, kulinarische Genüsse und vieles andere, was das Leben schöner macht. Neueröffnungen sorgen dafür, dass die Metropole ewig jung bleibt:

Vermächtnis einer lebenden Legende

2015 eröffnete Mailands bekanntester Modezar Giorgio Armani in der mondänen Via Bergognone sein Fashion-Museum Armani/Silos. In dem schicken, modernen Bau können Besucher auf vier Etagen Hunderte von Armani-Schöpfungen aus vier Jahrzehnten Modegeschichte bewundern (s. S. 66).

Leonardos Weingarten

Ebenfalls 2015 öffnete das neue Museum „La Vigna di Leonardo" seine Pforten. Auf dem Gelände wirkte Leonardo da Vinci einst an der Anlage eines Weingartens mit (s. S. 42).

Rund um den Bart

Barbier Mario setzt auf Vintage: Mit Hingabe stutzt er in seinem Barber-Shop direkt am Naviglio Grande die Bärte der in mächtigen Friseurstühlen thronenden Kundschaft (s. S. 49).

Die Reisekasse schonen

Für Mailänder Verhältnisse günstig lässt es sich im zentralen Ostello Bello Medici nächtigen. Gäste schätzen die begrünte Dachterrasse und dass es noch sehr spät Frühstück gibt (s. S. 125).

004ma Abb.: js

MAILAND ENTDECKEN

Sein und Design – so lässt sich das Credo von Italiens Weltstadt zwischen Alpen und Mittelmeer auf den Punkt bringen! Seit Leonardo da Vincis Zeiten fühlen sich Kreative und Erfolgreiche hier besonders wohl. Wer zum ersten Mal nach Mailand kommt, merkt sofort, dass in der glamourösen Hauptstadt der Lombardei nicht gekleckert, sondern im ganz großen Stil geklotzt wird. Ein Dom der Superlative, die berühmteste Einkaufspassage der Welt gleich neben dem nicht minder famosen Teatro alla Scala, unermessliche Kunstschätze und die Flag-Stores der wichtigsten Mode-Labels des Planeten drängen sich auf kleinstem Raum im historischen Zentrum. Schicke Künstlerviertel und exklusive Shoppingmeilen verführen zu Streifzügen durch die eleganteste und stilvollste Metropole Italiens.

Mailand für Citybummler

Reisende, die gerne flanieren und bummeln, werden an der lombardischen Metropole ihre helle Freude haben. Viele der für Touristen interessanten Spots sind vom Zentrum der Innenstadt, dem Domplatz, hervorragend zu Fuß zu erreichen. Außerdem kann es sehr reizvoll sein, sich einfach durch die Straßen und Gassen eines einzelnen Stadtteils treiben zu lassen.

Neben dem unmittelbaren Zentrum Mailands sind einige weitere Gegenden von besonderem touristischen Interesse. Wer die im Folgenden vorgestellten **Bezirke** auf dem Faltplan einen nach dem anderen rasch finden möchte, beginnt mit den Augen – oder dem Zeigefinger – bei der Piazza Oberdan [H2] nordöstlich des Stadtkerns und bewegt dann Auge oder Finger den kurzen Erläuterungen entsprechend einmal entgegen dem Uhrzeigersinn um den Domplatz 1 herum.

Der über 1 km lange **Corso Venezia** verbindet die Piazza San Babila 16 in nordöstlicher Richtung an den Giardini Pubblici 15 vorbei mit der Piazza Oberdan. Gesäumt ist die Allee von Restaurants und Geschäften aller Art – und einigen eindrucksvollen Stadtpalästen in klassizistischem Stil. Ein besonders markantes Beispiel dafür ist der Palazzo Serbelloni von 1793 an der Ecke Via San Damiano.

An der Piazza Oberdan werden die beiden kleinen Torhäuschen der historischen Porta Venezia und die gleichnamige Metro-Station passiert. Hier geht der Corso Venezia nahtlos in den **Corso Buenos Aires** über – eine ebenfalls kilometerlange Allee mit unzähligen populären Läden und Einkehrmöglichkeiten. Viele Kaffeefreaks sind überzeugt, dass es hier im Torrefazione il Caffé Ambrosiano (nur Stehplätze) die beste braune Brühe der Welt gibt (Corso Buenos Aires, 20, www.torrefazioneambrosiano.it/negozi.htm).

Die **Giardini Pubblici** 15 („Öffentliche Gärten") sind neben dem Parco Sempione Mailands zweite große **Parkanlage** im Bereich der Innenstadt. Beide haben die Größe eines ganzen Stadtviertels. In den Giardini Pubblici kann man nicht nur relaxen, sondern auch zwischen mehreren lehrreichen bzw. kunstsinnigen Unternehmungen wählen.

Das weltberühmte **Quadrilatero d'oro** 14, das „Goldene Viereck" der **Spitzenmode**, umfasst ein großes

◁ *Vorseite: Blick auf den Arco della Pace (s. S. 38)*

060ma Abb.: js

Straßenkarree zwischen den Giardini Pubblici und dem Domplatz. In kompakter Manier repräsentieren hier italienische und internationale Klamottenlabels um die Wette.

Nördlich des Zentrums etwa auf halbem Weg zwischen dem Parco Sempione und den Giardini Pubblici gelegen, gilt der Stadtteil **Brera** nach wie vor als **Künstlerviertel** Mailands. Nicht nur das besondere Ambiente mit hübschen gepflasterten Gässchen und vielen Lokalen zieht viele Besucher an, sondern auch die Pinacoteca di Brera (17), eine der herausragendsten Gemäldegalerien Italiens.

Das **Castello Sforzesco** (19) und der weitläufige **Parco Sempione** (20) prägen die Gegend nordwestlich der unmittelbaren Innenstadt. Eine eingehende Besichtigung der hier gebotenen Sehenswürdigkeiten und Attraktionen dauert locker einen ganzen Tag. Auf dem Gelände der ehemaligen Messehallen entstehen einige spektakuläre Hochhäuser **(City Life)**. Mit von der Partie sind die Spitzenarchitekten Daniel Libeskind, Arata Isozaki und Zaha Hadid. Jeder der drei verantwortet einen zukunftsweisenden Wohn- bzw. Büroturm. In den von Libeskind entworfenen wird sogar ein Design-Museum der Extraklasse untergebracht sein.

Etwas über einen Kilometer westlich des Domplatzes verläuft die beim Regionalbahnhof Cadorna unweit des Castello Sforzesco beginnende **Via Giosuè Carducci.** Rechts und links dieser breiten Straße passiert man eine ganze Reihe von Top-Sehenswürdigkeiten, darunter die Basilica di Santa Maria delle Grazie (24) mit Leonardo da Vincis „Letztem Abendmahl" („Cenacolo Vinciano"), die prächtige Basilica di Sant'Ambrogio (27) und das nach dem visionärsten Bewohner Mailands benannte Museo Nazionale della Scienza e della Tecnologia Leonardo da Vinci (28).

Mailands Jugend flaniert abends am liebsten auf dem **Corso di Porta Ticinese** zwischen dem trendigen Platz vor der Basilica di San Lorenzo

⌃ *Rockstar-Pose in Sichtweite des Doms* (1)

Maggiore (29), wo sich der romanische Baustil mit dem Charme einer antiken Säulenkolonnade vereint, und der Piazza XXIV, in deren unmittelbarer Nähe sich die beiden großen Kanäle *(navigli)* treffen.

Ursprünglich Teil des Wasserstraßennetzes, das Mailand durchzog, sind der *Naviglio Grande* (Großer Kanal) und der *Naviglio Pavese* (Pavia-Kanal) heute dessen sichtbarste Überreste. Das kultige **Navigli-Viertel** (31) spielt eine wichtige Rolle im Kunst- und Kulturleben der Stadt, ohne dabei Brera als etabliertes Künstlerviertel den Rang abzulaufen. Etwas vereinfacht gesagt, ist Brera mondäner, die Navigli (noch) experimenteller.

Mailand an einem Tag

Ein (erster) Tag in Mailand ist mit dem auf S. 12 empfohlenen **Spaziergang** schon halb vorbei. Den Nachmittag könnten Kurzurlauber – ganz nach individuellem Interesse – einem Besuch der **Pinacoteca di Brera** (17), des **Museo Nazionale della Scienza e della Tecnologia Leonardo da Vinci** (28) oder der **Dachterrasse des Doms** (1) (oft lange Wartezeiten) widmen. In der Umgebung des Domplatzes lässt sich *dolce far niente* (das süße Nichtstun) besonders gut mit Leutegucken verbinden, z. B. in der **Galleria Vittorio Emanuele II** (2) oder entlang der breiten **Fußgänger-**

Das gibt es nur in Mailand

In der Hauptstadt der Lombardei waren seit jeher kreative Geister am Werk, lange vor und lange nach Leonardo da Vinci, dem berühmesten aller Mailänder Gastarbeiter. Hier einige Beispiele für besonders skurile Sehenswürdigkeiten und Begebenheiten:

- *Im bei U-Bahn-Bauarbeiten unter dem Domplatz wiederentdeckten* ***Battistero San Giovanni alle Fonti*** *(s. S. 16) taufte bereits der heilige Ambrosius. Er selbst hatte sich erst kurz vor seiner Weihe zum später wirkmächtigsten Bischof der Stadtgeschichte taufen lassen.*
- *Da sich Domherren und Mönche nicht einigen konnten, wer von ihnen wann die Glocken der* ***Basilica di Sant'Ambrogio*** *(27) läuten darf, baute man kurzerhand zwei Glockentürme.*
- *An einem Fialentürmchen hoch oben auf dem Dach des Doms (1) haben Steinmetze* ***Boxszenen*** *eines italienischen Schwergewichtsweltmeisters aus den 1930er-Jahren festgehalten.*
- *In der* ***Galleria Vittorio Emanuele II*** *kann man dem* ***Turiner Stier*** *symbolisch und ungestraft auf das Gemächt treten. Dieser auch bei Touristen beliebte Brauch soll Glück bringen (s. S. 18).*
- *Die mit leckerem Backwerk reich gewordene Mailänder Familie Motta ließ für ihre Gruft auf dem* ***Cimitero Monumentale*** *(33) eine acht Meter hohe Skulptur anfertigen, die ohne viel Fantasie an einen riesigen Panettone, also einen Mailänder Weihnachtskuchen mit gehackten kandierten Früchten, erinnert.*
- *Als* ***Silvio Berlusconi*** *im Mai 2014 seinen Steuerbetrug-Strafdienst in einem Seniorenheim bei Mailand antrat, wurde er dort von mehreren Hundert Medienvertretern erwartet.*

zonen Richtung Piazza San Babila 16 bzw. Castello Sforzesco 19. Möchte man die Muße mit gastronomischem Genuss verbinden, bietet sich das Restaurant **Al Mercante** (s. S. 73) auf der Piazza dei Mercanti 7 ganz besonders an.

Wer sich nach dem mehrstündigen Stadtbummel lieber im Grünen ausruhen möchte, flaniert durch den **Parco Sempione** 20, die **Giardini Pubblici** 15 oder den **Parco delle Basiliche**, der die beiden prächtigen Basiliken San Lorenzo Maggiore 29 und Sant'Eustorgio 30 verbindet.

Ausklingen könnte der Tag dann bei einem Aperitif im **Navigli-Viertel** 31, auf der so charmanten wie legendären Künstlermeile Via Brera (s. S. 31) oder in einer Bar am Corso Sempione, beispielsweise beim kultigen L'Aperitivo del Jazz im **Jazz Café** (s. S. 80).

Ein Kurztrip nach Mailand

Wer drei Tage Zeit hat, um Mailand kennenzulernen, könnte den ersten Tag für den auf S. 12 vorgeschlagenen **Stadtspaziergang** inklusive der empfohlenen Verlängerung und dem Besuch der **Domterrassen** 1 verwenden und den zweiten für die Erkundung von Sehenswürdigkeiten, die sich etwas außerhalb des Zentrums befinden. Je nach persönlichen Vorlieben bieten sich dafür zum Beispiel das trendige **Navigli-Viertel** 31, der **Cimitero Monumentale** 33 oder der Stadtteil **San Siro** mit **Weltklasse-Fußballstadion** 34 und **Hippodrom** 35 an.

Wem die während des Stadtbummels passierten Kirchenbauten noch nicht reichen, der sollte wissen, dass Mailand noch einige weitere Gotteshäuser zu bieten hat. Die besonders sehenswerten im Westen des Domplatzes können auf einem etwas über eine Stunde dauernden Spaziergang abgeklappert werden. Von Süden nach Norden spaziert, entdeckt man hier die **Basilica di San Lorenzo Maggiore** 29, die **Basilica di Sant'Eustorgio** 30, die **Basilica di Sant'Ambrogio** 27 und die **Basilica di Santa Maria delle Grazie** 24.

Besucht man Mailand zum allerersten Mal, bietet es sich außerdem an, von den roten **Hop-on-hop-off-Bussen** (CitySightseeing Milano, s. S. 122) Gebrauch zu machen. Auf drei regelmäßigen Linien können sich Touristen einen großen Teil der Mailänder Innenstadt und die meisten bekannten Sehenswürdigkeiten erschließen (auch Kombiangebote inkl. Eintritt). An allen Haltestellen kann man nach Belieben aus- und wieder zusteigen. Alternativ oder zusätzlich kann es sich lohnen, mit der historischen „Tram n.1" durch die Innenstadt zu gondeln (s. S. 123) – nicht nur für Straßenbahn-Nostalgiker ein Spaß! Kostspieliger ist eine Besichtigungs- oder Shoppingtour mit einer Fahrrad-Rikscha von Veloleo (s. S. 123).

Der dritte Tag könnte z. B. einem Ausflug nach **Bergamo** 37 gewidmet sein. Die malerische Stadt in den italienischen Voralpen ist besonders rasch und günstig zu erreichen und bietet viel Sehenswertes.

Mindestens einen Abend sollte man reservieren, um **stilvoll auszugehen**, vielleicht in eine Aufführung im weltberühmten Teatro alla Scala 9 oder im ebenfalls sehr empfehlenswerten **Piccolo Teatro** (s. S. 82) bzw. an einer kleineren Bühne.

Stadtspaziergang

Wer sich die Atmosphäre der Stadt und einige ihrer Top-Sehenswürdigkeiten auf einem einzigen Spaziergang erschließen möchte, könnte sich für die im Folgenden beschriebene Route entscheiden. Sie verläuft von der Piazza San Babila 16 im Osten der Innenstadt über die Piazza del Duomo und die Piazza dei Mercanti 7 als Kerne des historischen Zentrums *(centro Storico)* bis zum weitläufigen Parco Sempione 20 im Nordwesten. Auf besonders lohnende Abstecher von dieser Hauptroute wird jeweils hingewiesen. Der mehrstündige Bummel ist bewusst nicht als Rundgang angelegt. Da er grob dem Verlauf der U-Bahn-Stationen San Babila, Duomo, Cordusio, Cairoli und Cadorna der Linie M1 folgt, kann man jederzeit einen Abschnitt überspringen oder bequem per U-Bahn an seinen Ausgangspunkt zurückkehren. Natürlich kann man die Route auch in der umgekehrten Reihenfolge genießen. Der größte Teil der Strecke liegt im Bereich der längsten zusammenhängenden Fußgängerzone Mailands.

Der Bummel startet an der **Piazza San Babila** 16. Die aus roten Backsteinen erbaute romanische Kirche San Babila duckt sich hier zwischen Bürogebäuden und turmhohen Werbeflächen. Spaziergänger auf dem Weg Richtung Zentrum kämpfen sich tapfer durch den Trubel, passieren das große Bassin des Springbrunnens am Südende des Platzes und biegen in den Corso Vittorio Emanuele II ein. Rasch taucht am Ende der tagsüber immer sehr belebten Flaniermeile die Silhouette des **Doms** 1 auf. An der Schlange der für die Besichtigung der Domterrassen Anstehenden vorbei führt der Bummel zur Nordwestecke der gewaltigen Kathedrale und damit direkt vor das Hauptportal der berühmten Einkaufspassage **Galleria Vittorio Emanuele II** 2. Hier öffnet sich der Domplatz mit seinem Ensemble spektakulärer Baukunstwerke und Top-Sehenswürdigkeiten. Statt die Nordseite des Doms schnurstracks zu passieren, lohnt es sich, ihn einmal zu umrunden. Den Dom stets rechter Hand bewundern Architekturfreunde bei diesem kleinen Umweg zu ihrer Linken der Reihe nach den **Palazzo Arcivescovile** (Erzbischöflicher Palast), den **Palazzo Reale** 3 und den Palazzo dell'Arengario mit dem **Museo del Novecento** 4.

Mitten durch die Galleria Vittorio Emanuele II führt der direkte Weg zur nahen Piazza della Scala und dem sagenumwobenen gleichnamigen **Opernhaus** 9 mit der großen Da-Vinci-Statue davor und dem **Palazzo Marino** 10 gegenüber.

Vom Operngebäude könnte man nun auch nordwärts in den Stadtteil Brera mit der Pinacoteca di Brera 17 oder an den Museen Casa di Manzoni 11 und Casa Museo Poldi Pezzoli 12 vorbei Richtung Quadrilatero d'oro 14 und Giardini Pubblici 15 flanieren. Auf dem hier beschriebenen Spaziergang erreicht man aber über die Via Santa Margherita nach ein paar schnellen Schritten wieder den **Domplatz**. Freunde kirchlicher Prachtbauten haben von dieser Stelle einen besonders guten Blick auf die fantastische Hauptfassade des Gotteshauses. Entsprechend viele Sel-

Routenverlauf im Stadtplan

Der hier beschriebene Spaziergang ist mit einer farbigen Linie im Stadtplan eingezeichnet.

fies werden hier geschossen – und gleich in alle Welt verschickt. Die eindrucksvolle Skulptur mitten auf dem Domplatz ist übrigens ein bronzenes Reiterstandbild des italienischen Königs Vittorio Emanuele II, nach dem auch die Galleria benannt ist.

Den Dom im Rücken biegt man nun in die **Via dei Mercanti** ein. An der Nordseite des Palazzo della Ragione entlang geht es über die mittelalterliche **Piazza dei Mercanti** 7 nordwestwärts Richtung Piazza Cordusio. Dort laufen neben der Via Mercanti noch sechs weitere Straßen zusammen. Wer jetzt der breiten Via Dante weiter Richtung Nordwesten folgt, sieht am Ende der Flaniermeile die Umrisse des mächtigen Torturms des **Castello Sforzesco** 19 auftauchen. Vorbei am Piccolo Teatro Grassi (s. S. 82) im Palazzo Carmagnola und über einen vielbefahrenen Kreisverkehr erreicht man kurz vor dem Eingang zum wuchtigen Castello eine große **Brunnenanlage.** Dort ist nicht nur im heißen Mailänder Sommer viel los. Nicht weit von hier befindet sich auch der Startpunkt der roten Hop-on-hop-off-Busse (CitySightseeing Milano, s. S. 122).

Nun steht man vor der Wahl, eines der **Museen** in der weitläufigen Festungsanlage zu erkunden oder durch die beiden Innenhöfe direkt in den **Parco Sempione** 20 zu gehen, wo der Spaziergang im Grünen ausklingt oder aber bei einer der vielen Aktivitäten, zu denen der Park einlädt: Wer Mailand von ganz oben genießen möchte, flaniert zum fast 109 Meter hohen **Torre Branca** 23, Fans des nassen Elements besuchen das **Acquario Civico** 21 und Kunstfreunde lassen sich das **Triennale Design Museum** 22 nicht entgehen. Abends lockt die Aperitivo-Happy-Hour zur Einkehr in die Bar Bianco (s. S. 80) mitten im Park.

Mögliche Verlängerung des Spaziergangs zum Navigli-Viertel

Wer noch Lust und Luft hat, kann an der Südwestecke des Castello Sforzesco 19 über die Via Marco Minghetti am Bahnhof Cadorna vorbei in die breite **Via Giosuè Carducci** [C4/5] einbiegen. Die originelle – manche meinen skurrile – Riesenskulptur auf der Piazzale Cadorna stellt übrigens – gigantisch vergrößert – Nadel, Faden und Knoten dar. Die Komposition soll an Mailands Rolle als Modehauptstadt erinnern.

Nach 250 Metern von der Via Carducci rechts abbiegend wird schon die **Basilica di Santa Maria delle Grazie** 24 mit **Leonardo da Vincis „Letztem Abendmahl“** („Cenacolo Vinciano“) erreicht. Wer auf der Carducci bleibt, sieht an der nächsten großen Kreuzung linker Hand die **Basilica di Sant'Ambrogio** 27 – nach dem Dom Mailands größtes und bekanntestes Gotteshaus. Nicht weit entfernt (erreichbar von der Carducci nach rechts über die Via San Vittore) lässt das **Museo Nazionale della Scienza e della Tecnologia Leonardo da Vinci** 28 das Herz aller Technikfreunde höher schlagen.

Wer sich für diese verlängerte Variante des Spaziergangs mit einem Abstecher ins trendige **Navigli-Viertel** 31 belohnen möchte, springt zwischen den beiden zuletzt genannten Sehenswürdigkeiten an der M2-Station Sant'Ambrogio für nur zwei Haltestellen in die U-Bahn. Von der Metro-Station Porta Génova sind es die Via Vigevano entlang nämlich keine 300 Meter zu der Stelle, an der die Kanäle Naviglio Grande und Naviglio Pavese in das für die Expo 2015 aufgehübschte Hafenbecken (Darsena del Naviglio) münden.

Domplatz und Umgebung

Die Piazza del Duomo ist seit dem 19. Jahrhundert der „Empfangssaal" der Stadt und die gotische Kathedrale ihr Wahrzeichen Nummer eins. Weitere Prachtbauten säumen den weitläufigen Platz, darunter auch das monumentale Hauptportal der überdachten Ladenstraße Galleria Vittorio Emanuele II.

Das Zentrum des Domplatzes wird von einem 1896 gegossenen bronzenen **Reiterstandbild** des ersten italienischen Königs beherrscht, nach dem auch die Galleria ❷ gleich daneben benannt wurde. Wer von hier aus zunächst das Hauptportal des **Doms** ❶ in den Blick nimmt und sich dann einmal im Uhrzeigersinn um die eigene Achse dreht, schaut erst halbrechts am Dom vorbei auf den **Palazzo Reale** ❸ und gleich rechts davon auf den zweigeteilten, säulenverzierten Palazzo dell'Arengario. In dem zu Beginn unseres Jahrhunderts völlig neu gestalteten Gebäude ist das **Museo del Novecento** ❹ mit seinen Kunstschätzen des 20. Jahrhunderts untergebracht.

Der Blick fällt als nächstes auf eindrucksvolle Stadtpaläste und dann fast schon gegenüber des Haupteingangs des Doms auf einen schmalen Durchgang Richtung Südseite der **Piazza dei Mercanti** ❼. Die breiten Straßen links davon führen pfeilgerade zum **Castello Sforzesco** ⓳ (Via Orefici) bzw. Richtung **Navigli-Viertel** ㉛ (Via Torino). Rechts des Durchgangs sieht man die Spitze des markanten Uhrturms des Palazzo dei Giureconsulti an der Piazza dei Mercanti.

Eine viertel Körperdrehung Richtung Dom später sieht man dann den Triumphbogen der Galleria und noch etwas weiter das große Kaufhaus **La Rinascente** (s. S. 84). Wer in diese Richtung spaziert, passiert nach einigen Schritten den Eingang zu den Treppen hinauf auf das Domdach.

Außerdem zur Umgebung des Domplatzes gerechnet werden die **Chiesa di San Bernardino alle Ossa** ❺ und die **Chiesa di Santa Maria presso San Satiro** ❻ südöstlich bzw. -westlich des Doms, der westwärts gelegene **Palazzo dell'Ambrosiana** ❽ und der Musentempel **Teatro alla Scala** ❾ nördlich der Galleria Vittorio Emanuele II.

❶ Dom ★★★ [E4]

Der Stolz der Mailänder auf ihren mit hellem Marmor verkleideten Dom ist kaum zu überschätzen – völlig zu Recht, denn der Duomo di Santa Maria Nascente ist ein Gotteshaus der Superlative. Für viele Reisende ist der Spaziergang auf den Dachterrassen des gotischen Steingebirges ein ganz besonderer Höhepunkt ihres Mailandbesuchs.

Geweiht ist der weltberühmte Dom **der Geburt Mariens.** Seine 61,50 Meter breite, zu Beginn des 19. Jahrhunderts fertiggestellte Fassade dominiert den Domplatz (Piazza del Duomo) seit über 200 Jahren. Der Überreichtum an filigranen Giebeln, Türmchen, Statuen und anderen dekorativen Elementen macht die Kathedrale zur **meistfotografierten Sehenswürdigkeit der ganzen Region.** Viele können sich an der Fassade kaum sattsehen. Allerdings hat der Dom auch Kritiker. Diese meinen, man habe es bei der Mixtur aus gotisch-barocken Deko-Elementen vielleicht doch etwas übertrieben („Zuckerbäckerstil").

EXTRATIPPS

Vorausschauende Reiseplanung

Um als Individualreisender die Chance auf ein Ticket für die Besichtigung von Leonardo da Vincis weltberühmtem „Das letzte Abendmahl“ 24 an einem bestimmten Tag zu haben, kümmert man sich bis zu **drei Monate** (!) vorher um die Reservierung. Auch Karten zu einer bestimmten Aufführung im Teatro alla Scala 9 zu bekommen, erfordert langfristigere Planung und Tickets für Spitzenspiele von Inter Mailand oder dem A.C. Milan sind ebenfalls mit zeitlichem Vorlauf zu buchen (s. S. 54).

Etwa **einen Monat** vor Abreise kümmert man sich spätestens um die Übernachtung und die Tischreservierung in Spitzenrestaurants. Fällt die Reise in die Zeit einer Mailänder Modewoche oder einer herausragend wichtigen Messe, etwa dem Salone Internazionale del Mobile im April, werden aus dieser Vorlaufempfehlung drei Monate – mindestens.

Besichtigung von Kirchen

Kirchen besichtigt man entweder **vormittags** oder **(spät)nachmittags.** Das gilt vor allem für Werktage, oft aber auch am Wochenende und an Feiertagen. Täglich auch mittags geöffnet hat nur der Dom 1. Mit Ausnahme des Doms ist der **Eintritt in Kirchen** frei, etwas anderes gilt für angeschlossene Museen oder Ähnliches. Wer nicht auf **angemessene Kleidung** achtet, setzt sich dem Risiko aus, nicht in Kirchen eingelassen bzw. beschleunigt wieder hinausgewiesen zu werden.

Begonnen 1386, konnten der Hauptbau der typischen Basilika mit erhöhtem Mittelschiff um 1500, die Spitze auf der Kuppel um 1770 und die Fassade um 1810 vollendet werden. Die fünf gewaltigen **Bronzeportale** entstanden zwischen 1840 und 1965. Sie illustrieren von links nach rechts das Toleranzedikt von Mailand, das Leben des heiligen Ambrosius (s.S. 45), das Leben der Gottesmutter Maria (Hauptportal), die Geschichte Mailands und die Geschichte des Doms. Es soll Glück bringen, bestimmte Teile der Bronzetüren zu berühren – dementsprechend blank-gerubbelt sind die betreffenden Stellen!

Wer durch das mächtige Hauptportal eintritt, für den gehen die Wunder weiter: Durch herrliche Buntglasfenster gedämpftes Licht fällt ins Innere der fünfschiffigen Basilika, wo 52 turmhohe Pfeiler, in ihrem oberen Drittel mit Reliefs und Statuen reich verziert (Kapitelle), die Konstruktion stützen.

Die **Fenster des Mittelschiffs** entstanden größtenteils im 19. Jahrhundert und gelten mit ihren gewaltigen Maßen von bis zu 21x8,5 Metern als die größten der Welt. Eines der ursprünglichen Fenster aus dem 15. Jahrhundert ist noch im nördlichen Querschiff zu bewundern. Hier prunkt auch der siebenarmige sogenannte Trivulzio-Bronzeleuchter mit Szenen aus dem Alten Testament.

Wertvollste **Reliquie** ist ein Nagel aus dem Kreuz Christi. Zu bestimmten Anlässen zeigt der Bischof den Gläubigen dieses Heiligtum im Rahmen einer prunkvollen Zeremonie. In der Sakristei beeindruckt der Domschatz *(Tesoro del Duomo)* mit Gold-, Silber- und Elfenbeinarbeiten von unschätzbarem Wert, die ältesten davon aus dem 4. Jahrhundert. Den Eingang findet man rechts vom Hauptaltar. Daneben kann das mit Silberplatten verzierte achteckige Grab des Erzbischofs Borromeo aus dem 16. Jahrhundert besichtigt werden.

022ma Abb.: fo © frenk58

EXTRAINFO

Der Dom – architektonische Fakten

Einige Details, die Mailands Dom zu einer der größten und prächtigsten Kirchen der Welt und zum wichtigsten Zeugnis der gotischen Periode der Stadt machen:

- **Baubeginn:** 1386
- **Grundform:** kreuzförmige Basilika mit erhöhtem Hauptschiff
- **Länge:** 158 Meter
- **Breite:** 93 Meter (gemeint ist die Länge des dreischiffigen Querhauses)
- **Fassadenhöhe:** 56 Meter
- **Fassadenbreite:** 61,5 Meter
- **Höhe der Kuppel:** 68 Meter
- **Gesamthöhe:** 108,5 Meter (einschließlich der Säule mit der Marienstatue „Madonnina")
- **Höhe der 52 Säulen:** 24,5 Meter bei einem Durchmesser von fast 3,5 Metern
- **Grundfläche:** fast 12.000 m²
- **Fassungsvermögen:** bis zu 40.000 Personen
- **Ältester Teil:** Chor von 1415
- **Dachschmuck:** 135 Fialentürmchen und rund 3400 Marmorstatuen, die meisten aus dem 19. Jahrhundert

Während des Baus der U-Bahn stieß man unweit des Doms auf das **Battistero San Giovanni alle Fonti** aus dem 4. Jahrhundert. Die kleine Taufkirche gilt als eines der ältesten Überbleibsel frühchristlichen Lebens in Mailand und ist heute vom Dom aus zugänglich (gleich nach dem Eingang links halten). Hier soll der heilige Ambrosius (s. S. 45) selbst getauft haben.

Ein unvergessliches Highlight ist der **Spaziergang auf den Dachterrassen** *(terrazzi)* des Doms. Besucher flanieren hier oben durch eine Landschaft aus Tausenden Statuen, Säulen, Türmchen und anderen dekorativen Elementen. Außerdem sind sie der **Madonnina** genannten, 4 Meter hohen vergoldeten Muttergottes-Statue besonders nah. Auf ihre „kleine Madonna" lassen die Mailänder nichts kommen. Ob religiös oder nicht, jeder kennt die mit etwas über vier Metern Höhe gar nicht so kleine Muttergottes-Statue, die seit 1774 von ihrer Säule oben auf dem Domdach gütig

Beinahe surreal: der Dom ❶ und die Galleria Vittorio Emanuele II ❷

über die Stadt schaut. Selbst Fußballfans besingen sie und das Aufeinandertreffen der beiden Mailänder Erstligaklubs wird Derby della Madonnina genannt (s. S. 54).

Kuriosum: Auf den Dachterrassen gibt es an einem kleinen Türmchen auch in Stein gehauene Kampfszenen des italienischen Boxweltmeisters Primo Carnera (1906–1967) aus den 1930er-Jahren zu bestaunen!

Als die letzten Feinarbeiten am Dom 1935 abgeschlossen wurden, hatte man übrigens längst mit der **Restaurierung älterer Bauteile** begonnen. Diese werden natürlich nie zum Abschluss kommen, da Smog, Abgase und Erschütterungen dem Prunkbau permanent zusetzen. Die Erhaltung des Doms wird mit der Veneranda Fabbrica del Duomo di Milano von derselben „Fabrik" betrieben, die auch für seine Errichtung verantwortlich war.

› Tel. 02 72022656, www.duomomilano.it (mit beeindruckenden 360-Grad-Aufnahmen), **Öffnungszeiten:** tägl. 8–19 Uhr (Dom und Dachterrasse, letzter Einlass jeweils 18.10 Uhr, Ticketverkauf an mehreren „Ticket Offices" rund um den Dom), **Eintritt** 3 € (für u. a. Dom und Museum), Dachterrasse: Treppe 9 € (erm. 4,50 €), Lift 13 € (erm. 7 €). Das Museum öffnet zwei Stunden später als der Dom, schließt eine Stunden früher und ist montags geschlossen. Die beiden **Kombitickets** sind 72 Stunden gültig: „Duomopass A" beinhaltet u. a. Eintritt in den Dom, Dachterrasse per Lift und Museum für 16 € (erm. 8 €). „Duomopass B" ist mit 12 € (erm. 6 €) günstiger, statt mit dem Lift geht es über die Treppe auf die Dachterrasse. Es gibt mehrere **Ticket-Offices** mit unterschiedlichen Öffnungszeiten. Bei Ticket Office 1 (Südseite, tägl. 8–18 Uhr) bilden sich oft die längsten Schlangen (Toiletten rechts daneben). V.a. in der Hochsaison ist es ratsam, Tickets gegen einen geringen Aufschlag vorab online zu erwerben: http://booking.duomomilano.it.

› **Hinweis:** Wer mit Shorts, Minirock oder unbedeckten Schultern erscheint, wird vom Personal nicht in den Dom gelassen bzw. dazu angehalten, vor dem Betreten einen wenig kleidsamen Umhang (2 €) zu erwerben. Rucksäcke/Taschen werden kontrolliert.

› **Aufstieg auf die „terrazzi":** Wichtigster Zugang von außen an der Nordseite des Doms. 158 Stufen oder Lift. Weiterer Lift an der Südostecke des Doms. Über die Treppe geht es wegen des Andrangs bei den Fahrstühlen oft schneller.

KURZ & KNAPP

Der Gehäutete

Wer sich innen Richtung Chorumgang auf der rechten Seite hält, kommt an einer von Besuchern viel beachteten **Statue des heiligen Bartholomäus** vorbei. Das Besondere an dieser Arbeit des Künstlers Marco d'Agrate von 1562 ist, dass die Statue einen Mann ohne Haut zeigt – ein bemerkenswertes Zeugnis frühneuzeitlicher Anatomiekenntnisse! Hintergrund: Der Legende nach soll der heilige Bartholomäus als einer der 12 Apostel Jesu unter anderem in Indien und Armenien gepredigt haben. Das erwies sich als Fehlschlag: Die skeptischen „Locals" sollen ihm bei lebendigem Leibe die Haut abgezogen und ihn anschließend mit dem Kopf nach unten gekreuzigt haben. **Leonardo da Vinci** hat ihn auf seinem berühmten Gemälde „Das letzte Abendmahl" 24 ganz links positioniert. Falls Sie wissen möchten, wo der Dom-Bartholomäus seine Haut hat: Sie bildet das lässige Cape, das er um Schulter und Hüfte geschwungen trägt (Foto S. 129).

2 Galleria Vittorio Emanuele II ★★★ [E4]

Eine Luxus-Einkaufspassage, die im heißen italienischen Sommer schön kühl bleibt und auch in der kalten Jahreszeit vor der Witterung schützt: In Mailands weltberühmter Galleria gleich neben dem Domplatz ist zwar alles etwas teurer, dafür ist das Ambiente in der „Mutter aller Einkaufspassagen" zeitlos schick.

Die auch *Il salotto* („Der große Salon") genannte 200 Meter lange „Kathedrale des Kommerzes" wurde zwischen 1865 und 1877 errichtet. Zwischen Dom 1 und Scala 9 besteht sie aus zwei sich kreuzenden Galerien, die von einem **imposanten Glasdach** überspannt werden. Am Schnittpunkt befindet sich ein großer achteckiger Platz *(ottagono)*, der von einer herrlichen, 47 Meter hohen Kuppel überspannt wird.

Die beiden Portale an den Längsseiten sind in der Art von **Triumphbögen** ausgeführt. Typisch für das Mailand des 19. Jahrhunderts sind die **Fassaden** im eklektizistischen Stil mit reichlich Ornamenten, Ranken, Figuren und ähnlichen dekorativen Elementen gehalten.

Wer im Zentrum der Galleria den Kopf in den Nacken legt, bewundert hoch oben direkt unter der mächtigen Stahl- und Glaskonstruktion großflächige **allegorische Darstellungen** der Erdteile Afrika, Amerika, Asien und Europa. Gemalt wurden die halbmondförmigen Bilder 1910. Die großen **Fußbodenmosaiken** direkt unter der Riesenkuppel wurden 100 Jahre nach der Eröffnung der Passage angelegt und zeigen das Wappen des Königsgeschlechts der Savoyer umgeben von den Wappen der Städte Rom (Wölfin), Florenz (Schwertlilie), Turin (Stier) und Mailand (rotes Kreuz auf weißem Grund).

> KURZ & KNAPP
>
> ### Mailänder Aberglaube
>
> Es soll Glück bringen, dem **Stier** im Turiner Stadtwappen **auf die Hoden zu treten** und sich mit dem Fuß dort verharrend dreimal um die eigene Achse zu drehen. Da es sich bei Turin just um die Stadt handelt, mit der Mailand seit Jahrhunderten in Konkurrenz steht, macht es nicht nur Touristen, sondern auch Mailändern große Freude, diese Übung zu absolvieren. Das täglich tausend Mal mit viel Engagement wiederholte Kunststück sorgt übrigens dafür, dass sich an der Stelle, an der einmal die Weichteile des stolzen Stiers prangten, ein faustgroßes Loch auftut. Fahrende Musikanten und Artisten sollen den kuriosen Brauch um 1900 begründet haben.

Die Galleria ist fast durchweg mit sehr **schicken Boutiquen** bestückt. Unter anderem betreiben hier Prada, Gucci und Vuitton Filialen. Neben den Edel-Shops gibt es hier auch eine ganze Reihe bekannter **Restaurants** bzw. **Bars**, darunter das Savini und das Camparino (s. S. 77), die Bar, die sich der Erfindung des Bittergetränks Campari rühmt.

2007 eröffnete inmitten all der Pracht auch noch das Luxus-Hotel **Seven Stars Galleria** (s. S. 124) – nach Meinung seiner Fans ein 7-Sterne-Haus, das sich auf dem illustren Niveau des Burj-al-Arab-Hotel in Dubai

Mailands „Galleria" ist eine der nobelsten Einkaufspassagen der Welt

023ma Abb.: js

oder des Emirates Palace Hotel in Abu Dhabi bewegt. Alle 25 Suiten sind individuell eingerichtet und jedem Gast wird ein Butler zur Seite gestellt.

Giuseppe Mengoni, dem Bologneser Erbauer der Galleria, brachte sein Meisterwerk übrigens nicht nur Glück: 1877 starb er auf der Baustelle des grandiosen Komplexes. Heute erinnert eine kleine Gedenktafel neben dem Eingang an den begnadeten Architekten.

Am Nordende der Galleria können Leonardo-da-Vinci-Fans noch bis mindestens Ende 2017 eine Ausstellung zu Ehren des Jahrtausend-Genies besuchen: das **Museo Leonardo3 – Il mondo di Leonardo.** Der knallrot gestaltete Eingang liegt zur Piazza della Scala hin. Die Ausstellung ist Teil einer weltweiten Aktion. Geboten werden unter anderem Modelle spektakulärer Erfindungen da Vincis und 3D-Darstellungen. In Workshops erfahren die Besucher, wie erstaunlich weit Leonardo seinem Zeitalter voraus war.

› **Galleria Vittorio Emanuele II** (gesprochen „due"), durchgehend geöffnet, Eintritt frei

› **Museo Leonardo3 – Il mondo di Leonardo,** Piazza della Scala, Tel. 02 87239773 (Auskünfte), 02 6597728 (Führungen), www.leonardo3.net, Eintritt: zwischen 1 (Kinder bis 6 Jahre) und 12 € (diverse Ermäßigungen, z.B. für Familien), geöffnet: tgl. 9.30–22.30 Uhr, Erklärungen auf Italienisch und Englisch, Audio-Guide auch auf Deutsch.

EXTRATIPP

Panoramaweg

Für Mailand-Besucher, die den Dom 1 aus einer ungewöhnlichen Perspektive sehen möchten, lohnt sich ein Besuch des leider nicht allzu langen Panoramawegs „Highline Galleria" auf dem Dach des Prachtbaus 2.

› Via Silvio Pellico, 2 (an der westlichen Längsseite), Tel. 02 45397656, www.highlinegalleria.com, Eintritt 12 € (reduziert 10 €), tgl. 9–21 Uhr

KLEINE PAUSE

Die Galleria als Wiege des Campari

Die Legende will, dass der bittere rote Stoff in den 1840er-Jahren von **Gaspare Campari** in der Galleria ersonnen wurde. Das streng geheime Rezept des Exportschlagers beinhaltet angeblich über 80 Zutaten, darunter jedenfalls Chinin, bittere Kräuter, Rhabarber und Ginseng. Wegen seines herben Geschmacks wird Campari nicht pur, sondern vorzugsweise als Longdrink getrunken. Beliebte Campari-Cocktails sind der „Americano“ (mit Wermut und Soda) und der „Negroni“ (mit Wermut und Gin). Besonders gediegen genießt man diese im **Camparino**, einer der berühmtesten Bars der Stadt, gleich am Eingang der Galleria (s. S. 77).

3 Palazzo Reale ★★ [E4]

Der „königliche Palast“ südlich des Doms 1 ist Mailands Stadtschloss. Sein heutiges Erscheinungsbild bekam es im 18. Jh. unter der österreichischen Kaiserin Maria Theresia verpasst. Die klassizistische Front geht auf einen Entwurf von 1772 zurück.

1919 ging der Palazzo in das Eigentum des italienischen Staates über. Im Laufe der Geschichte amputierten ihm die Mailänder zweimal große Teile: Als der Domplatz geschaffen wurde, kappte man den Ostflügel der Anlage und in den 1930er-Jahren wurde wegen der Errichtung des Palazzo dell'Arengario an seinem westlichen Ende ein großes Stück geopfert.

Die Behebung der verheerenden **Brandschäden** nach den Bombenangriffen 1943 nahm man nur zögerlich und ohne schlüssiges Gesamtkonzept in Angriff. Seit der Jahrtausendwende wird das Schloss aber systematisch restauriert.

Der **westliche Teil** des Palazzo Reale wird regelmäßig für herausragende **Wechselausstellungen** genutzt.

Im Erdgeschoss des Palazzo Reale ist das **Museo del Duomo** (Dommuseum) untergebracht. Besucher können hier anhand von Skizzen und Original-Entwürfen die Baugeschichte des Doms studieren. Ein beeindruckendes Holzmodell und wertvolle steinerne Artefakte runden die Ausstellung ab.

Hinter dem Palazzo befindet sich die alte Schlosskirche **San Gottardo in Corte** aus dem 14. Jahrhundert mit ihrem schön verzierten roten Glockenturm *(Campanile)*. Unmittelbar östlich des Stadtschlosses wartet der **Palazzo Arcivescovile** (Erzbischöflicher Palast) gegenüber der Südostecke des Doms in seiner 1570 vollendeten Gestalt mit einem schmucken Arkadenhof auf.

› **Palazzo Reale,** Piazza del Duomo, 12, Tel. 02 860165, 02 875672, www.palazzorealemilano.it, Öffnungszeiten: Mo 14.30–19.30, Di, Mi, Fr, So 9.30–19.30, Do und Sa 9.30–22.30 Uhr, Eintritt 6–12 €

› **Museo del Duomo,** Piazza del Duomo, 12, Tel. 02 72023453, http://museo.duomomilano.it. Infos zu Öffnungszeiten und Tickets s. S. 17. (Das Dom-Museum ist für Mailands Tourismus-Manager Teil des Ensembles Dom/Domterrassen/Kirche San Gottardo/archäologischer Teil des Dom-Geländes.)

4 Museo del Novecento ★★ [E4]

Das Museo del Novecento ist der Kunst des 20. Jahrhunderts gewidmet. Untergebracht ist es an der Südseite des Domplatzes im linken Teil des marmorverkleideten **Palaz-**

zo dell'Arengario. Dieser in der Mitte gespaltene Palazzo mit extrem hohen Fenstern stammt aus der Zeit des faschistischen Regimes in den 1930er-Jahren.

Durch die Zweiteilung der beiden dreistöckigen, außen spärlich dekorierten Gebäude entsteht der vage Eindruck eines Stadttors. Das Innere des linken Baus wurde 2002 bis 2010 aufwendig umgebaut. Seitdem können dort mehrere Hundert Werke zeitgenössischer Kunst bewundert werden, darunter Werke des **italienischen Futurismus,** aber auch des **Kubismus** und der **Arte Povera** (wörtlich: „arme Kunst"). Prominente, im Museo del Novecento vertretene Künstler sind beispielsweise Balla, De Chirico, Marino Marini, Lucio Fontana und natürlich Umberto Boccioni. Weltberühmt ist das großformatige Gemälde „Il Quarto Stato" („Der vierte Stand") von Giuseppe Pellizza da Volpedo. Regelmäßig heben **Sonderausstellungen** die Arbeiten einzelner Kunstschaffender besonders hervor.

Die beiden Gebäudeteile des Palazzo dell'Arengario werden durch die zur Piazza Diaz führende **Via Guglielmo Marconi** getrennt. Diese liegt fast auf einer Linie zum Ausgang der Galleria Vittorio Emanuele II (2) auf der anderen Seite des Domplatzes.

Nur ein wenig südöstlich der Piazza Diaz wundert man sich über die sonderbare architektonische Laune, die hinter dem **Torre Velasca** von 1958 steckt: Das 99 Meter hohe Bürohochhaus hat eine gewisse Ähnlichkeit mit einem mittelalterlichen Wachturm, d. h. die oberen Etagen ragen rundum in der Art eines Pilzkopfes deutlich über die unteren hinaus. Architekten sprechen vom Stilmittel der „Auskragung". Speziell beim Torre Velasca

Direkt am Domplatz: das Museo del Novecento (4)

Italienischer Futurismus

Der italienische Kunststil Futurismus hatte eine seiner Keimzellen im Mailand des Jahres 1909. In diesem Jahr veröffentlichte Filippo Tommaso Marinetti (1876–1944), Mastermind hinter der Bewegung, sein „Futuristisches Gründungsmanifest". Die avantgardistische Bewegung wollte nicht nur ein neues Kunstverständnis, sondern gleich eine neue Kultur begründen. Berühmt wurde Umberto Boccioni (1882–1916) mit seiner Skulptur „Einzigartige Formen der Kontinuität im Raum" („Forme uniche della continuità nello spazio") von 1913, deren Abbild auch die italienische 20-Eurocent-Münze ziert. Die Figur porträtiert die verstörende Gleichzeitigkeit von Schwere und Leichtigkeit einer raumgreifend voranschreitenden Figur.

soll diese an das Vorbild des Torturms Torre del Filarete des Castello Sforzesco (19) angelehnt sein. Das merkwürdige Gebäude wird der Architekturepoche des Brutalismus(!) zugerechnet, erinnert unter anderem an die russische Botschaft in Havanna und steht seit 2011 unter Denkmalschutz.

› **Museo del Novecento,** Via Guglielmo Marconi, 1, Tel. 02 88444061, www.museodelnovecento.org, Eintritt: 10 €, reduziert 5–8 €, Kinder unter 13 Jahren frei (Tickets auch online), geöffnet: Mo 14.30–19.30, Di, Mi, Fr, So 9.30–19.30 Uhr, Do und Sa 9.30–22.30 Uhr

(5) Chiesa di San Bernardino alle Ossa ★ [F5]

Die dem heiligen Bernhardin von Siena geweihte Kirche zählt zu Mailands skurilsten Sehenswürdigkeiten. Ihre Bekanntheit verdankt sie nämlich den Unmengen an menschlichem Gebein, das man hier seit Jahrhunderten hortet. Ihr **Beinhaus** *(ossuario)*, also der Raum, in dem Totenschädel und andere Skelettteile als makabre Deko-Elemente Verwendung finden, führt Besuchern ihre irdische Vergänglichkeit schonungslos vor Augen.

Ein engelreiches **Fresko** aus dem 17. Jahrhundert ziert das Deckengewölbe und auch an **Barockdekoration** wurde nicht gespart. Die Fassade wurde 1776 vollendet.

› Via Verziere, 2, Tel. 02 76007187 und 02 7602 3735

(6) Chiesa di Santa Maria presso San Satiro ★ [E5]

Die äußerlich eher unscheinbare Kirche wurde Ende des 15. Jahrhunderts von **Donato Bramante** im Auftrag der Sforza errichtet. Bei den Stuckarbeiten im Innern wurde definitiv nicht gegeizt. Der **Glockenturm** *(campanile)* soll noch aus dem 9. oder 10. Jahrhundert stammen.

Berühmt geworden ist die Kirche für ein **illusionistisches Gemälde**, das ihrem Chor eine perspektivische Tiefe verleiht, die er tatsächlich gar nicht hat. Bramante ist es hier gelungen, 90 Zentimeter malerisch wesentlich tiefer wirken zu lassen. Unbefangene Betrachter meinen, einen richtigen Chor mit hübscher Kassettendecke vor Augen zu haben. Wer es nicht glauben mag, macht die Probe und schaut sich den (Schein-)Chor am

KURZ & KNAPP

Bramante – Architekturgenie der frühen Neuzeit

Der italienische Baumeister Donato Bramante (1444–1514) gilt als **Begründer der Hochrenaissance-Architektur.** Bekannteste Schöpfung des Meisters ist der Neubau des Petersdoms mit seiner spektakulären Kuppel. Den Abschluss der Arbeiten erlebte er allerdings nicht mehr. In Mailand hat er sich nicht nur mit dem Bau von Santa Maria presso San Satiro 6, sondern auch mit Chor und Kuppel der Basilica di Santa Maria delle Grazie 24 verewigt.

025ma Abb.: js

Kopfende der Kirche erst vom Eingang her an und dann aus unmittelbarer Nähe, am besten von der Seite!

Der mit namensgebende heilige Satyrus war übrigens ein Bruder von Mailands „Superbischof" Ambrosius (s. S. 45).

› Via Torino, 17/19, Tel. 02 874683

7 Piazza dei Mercanti ★★ [E4]

Gebäude aus dem Hochmittelalter prägen den „Platz der Kaufleute" und seine Umgebung. Hier können Besucher die Atmosphäre des alten Mailänder Zentrums genießen. Abgesehen davon ist es hier im Hochsommer kühler als auf dem dann sonnendurchglühten Domplatz gleich daneben.

Brunnen auf der malerischen Piazza dei Mercanti

Lange bevor sich das Zentrum Richtung Domplatz verschob, schlug hier im Hochmittelalter das Herz der Stadt. Kaufleute handelten mit Waren aller Art, es wurde Recht gesprochen, Handwerker und Dienstleister boten ihre Fertigkeiten und ihr Knowhow an.

Mitten auf der Piazza dei Mercanti steht heute der einstöckige, 1233 als Rathaus und Gerichtshalle fertiggestellte **Palazzo della Ragione** – bis 1770 Sitz der Mailänder Stadtverwaltung. Ein steinernes Reiterstandbild seines Erbauers Oldrado da Tresseno, in Personalunion erster Bürgermeister der aufstrebenden Stadt, schmückt eine Rundbogennische an der südlichen Außenwand des wuchtigen spätromanischen Backsteinbaus. Mittelalterliche Händler bauten ihre Stände vorzugsweise unter den Palazzo-Arkadenbögen auf. Eine Besichtigung des Baus ist nur nach Voranmeldung möglich (Tel. 02 0202). Hin und wieder wird der große Saal im ersten Stock für Ausstellungen und andere Events geöffnet.

An der Nordseite des Platzes ist der 1568 fertiggestellte, manieristische **Palazzo dei Giureconsulti** („Palast der Rechtsgelehrten") schon wegen seines markanten Turms und des herrlichen Portikus nicht zu übersehen. An der Südseite befindet sich schließlich die gotische **Loggia degli Osii** aus dem frühen 14. Jahrhundert. Ihre Fassade aus weißem und schwarzem Marmor kontrastiert mit den Gemäuern der Umgebung. Vom Balkon wurden im Mittelalter Gerichtsurteile und Mitteilungen der Stadtverwaltung verlesen.

Der 1645 vollendete **Palazzo delle Scuole Palatine** schmückt sich mit einem schönen Stadttor in mittelalterlichem Stil. Davor, ziemlich genau in der Mitte des Karrees, befindet sich ein pittoresker Brunnen.

Was Freunde mittelalterlichen Ambientes graust, erfreut Fast-Food-Fans: Eine weltweit bekannte Burgerkette darf einige überdachte Tische neben dem kleinen Durchgang *(passagio)* zur Via Orefici aufstellen.

8 Palazzo dell' Ambrosiana ★★ [E4]

Südwestlich der Piazza dei Mercanti 7 nimmt der Ambrosianische Palast einen ganzen Block ein. In dem auch äußerlich beeindruckenden Gebäude sind seit Jahrhunderten eine Pinakothek (Pinacoteca Ambrosiana) und eine Bibliothek (Biblioteca Ambrosiana) untergebracht.

Benannt ist der Palast aus dem frühen 17. Jahrhundert nach Kirchenvater **Ambrosius von Mailand** (s. S. 45). Schon bald nach Errichtung des Komplexes im Jahre 1602 und lange vor seiner Erweiterung im 19. Jahrhundert entwickelte er sich zu einem wissenschaftlichen und kulturellen Zentrum Italiens.

Pinacoteca Ambrosiana

Die Pinakothek ist ein Museum von Weltrang. 1618 gegründet, beherbergt die **Gemäldegalerie** heute unter anderem Werke von Botticelli, Caravaggio, Raffael, Tiepolo und Tizian. Einige niederländische Meister sind auch vertreten. Besonderes Highlight der Sammlung ist Leonardo da Vincis auf die Zeit um 1485 bis 1490 datiertes Werk „Bildnis eines Musikers". Die Identität der dargestellten Person ist ungeklärt.

Biblioteca Ambrosiana

Eröffnet am Ambrosiustag (7. Dezember) 1609, verzeichnet die an die Pinakothek angeschlossene **Ambrosianische Bibliothek** mittlerweile über 1 Million Medientitel. Berühmt ist sie vor allem für ihre Sammlungen von Zigtausenden mittelalterlichen Schriften und anderen wertvollen Dokumenten wie Zeichnungen, Grafiken und Urkunden. Natürlich gibt es längst auch eine *Biblioteca Digitale*.

Die Gründung der Einrichtung geht auf eine **Initiative des Kardinals Federico Borromeo** zurück – ein für einen Kirchenmann in der damaligen Zeit sehr ungewöhnliches Ansinnen. Kardinal Borromeo ließ eine umfangreiche Sammlung von Handschriften anlegen, darunter auch seltene und exotische Handschriften, zu deren Erwerb er Aufkäufer nach Griechenland und in den Orient sandte. Im Laufe der Jahrhunderte kamen Münzen aus aller Welt und eine erlesene archäologische Sammlung dazu. Zu den wichtigsten Stücken zählen Teile der **„Ili-**

Historische Straßenbahn vor dem Teatro alla Scala

as **Ambrosiana**", eine großformatig illustrierte Handschrift von Homers „Ilias", die um 500 im ägyptischen Alexandrien entstand, **eigenhändige Niederschriften** von Petrarca, Boccaccio, Galileo Galilei, Alessandro Manzoni und über 1000 Bögen des sogenannten **„Codex Atlanticus"** mit rund 2000 Zeichnungen, Notizen und Studien zu u. a. Hydraulik, Optik, Anatomie, Architektur und Astronomie von Leonardo da Vinci, die als zwölfbändiges Werk in einem Buchkasten aus Bergkristall und Lapislazuli aufbewahrt werden.

Im Laufe der Zeit wurde die Bibliothek von einer Reihe bedeutender Gelehrter geleitet. **Chefbibliothekar** war zum Beispiel auch Giuseppe Ripamonti, dessen Beschreibung der Pestepidemie im Mailand des 16. Jahrhunderts Vorlage für Alessandro Manzonis berühmten Roman „Die Brautleute" („I promessi sposi", s. S. 28) war.

› **Biblioteca Pinacoteca Ambrosiana,** Piazza Pio XI, 2, Tel. 02 806921, www.ambrosiana.eu, Eintritt: 15 € (reduziert 10 €), Audioguide 1 €, geöffnet: Di–So 10–18 Uhr (Pinacoteca) bzw. Mo–Fr 9–17 Uhr (Biblioteca)

9 Teatro alla Scala ★★★ [E4]

Die Scala gehört seit Jahrhunderten zu den berühmtesten Opernhäusern der Welt. Die hier alljährlich am 7. Dezember, dem Ehrentag des Mailänder Stadtpatrons, mit viel Tamtam zelebrierte Eröffnung der Theatersaison ist ein besonderes Highlight in Europas Kulturkalender.

Eröffnet wurde „La Scala" nach weniger als vier Jahren Bauzeit am 3. August 1778 mit einer Oper von Antonio Salieri. Die Oper ersetzte das abgebrannte Theater, das zuvor an derselben Stelle gestanden hatte. Finanziert wurde das Prestigeprojekt von der reichen Mailänder Oberschicht. Im Gegenzug sicherte sich die feine Gesellschaft die Logen.

Ihren Namen verdankt die Scala übrigens der im 14. Jahrhundert erbauten kleinen **Kirche Santa Maria della Scala** (wörtlich: „Heilige Maria von der Stiege"), die hier im Hochmittelalter stand. Den Mailändern war ein innenstadtnah gelegenes Opernhaus lieber gewesen und sie hatten das gotische Kirchlein kurzerhand abgerissen.

So schlicht die klassizistische Fassade des Opernhauses wirkt, so fan-

026ma Abb.: js

Giuseppe Verdi – Scala-Superstar

Ein schönes Beispiel für eine eklatante Experten-Fehleinschätzung: 1832 lehnte das Konservatorium in Mailand Verdis Bewerbung für die renommierte Musikhochschule ab. Heute, weit über 100 Jahre nach seinem Tod im Jahre 1901, gehören viele von Giuseppe Verdis Werken zum Kernrepertoire großer Häuser rund um den Globus.

Der Komponist ist zwar kein gebürtiger Mailänder, wird aber für immer mit der Stadt verbunden sein, denn der 1813 bei Parma als Sohn eines Gastronomen und Landwirts geborene Musiker ließ sich von dem frühen Fehlschlag bei den honorigen Herren vom Konservatorium nicht entmutigen und brachte bereits als 26-Jähriger seine Oper „Oberto conte di San Bonifacio" an der Mailänder Scala zur Aufführung - ein früher Publikumserfolg!

Von kleinen Dellen abgesehen, steigerte sich sein Renommee von nun an kontinuierlich. Seinen Weltruhm begründete dann „Nabucco" aus dem Jahr 1842. Die Opern-Trilogie „Rigoletto" (1851), „Il trovatore" („Der Troubadour", 1853) und „La Traviata" (1853) gilt als Verdis Meisterwerk und festigte sein internationales Prestige. Noch heute gehören die drei Stücke zu den weltweit beliebtesten Opern, allerdings gelten die Stücke, die er als über 70-Jähriger schuf, darunter „Don Carlos" und „Otello", als „reifer". Verdis „Falstaff" ist für viele die bedeutendste komische Oper überhaupt. Sie wurde 1893 in der Scala uraufgeführt - so wie in dem halben Jahrhundert davor bereits neun andere Werke des Komponisten. Allen gemeinsam: Sie verleihen grundlegenden menschlichen Emotionen auf meisterhaft zeitlose Weise lebendigen Ausdruck.

Verdis letztem Willen entsprechend wird aus seinem Vermögen noch heute das an der Piazza Buonarroti gelegene Seniorenheim Casa di Riposo per Musicisti für mittellose Musiker finanziert. In der dazugehörigen Gruft ist Verdi auch bestattet. Auf die Frage, was seiner Meinung nach sein größtes Werk sei, soll er übrigens geantwortet haben: „Das Altersheim in Mailand".

Buchtipps

- ***„Giuseppe Verdi: Genie der Oper"*** *von John Rosselli, C.H. Beck, 2013. Die fast 300 Seiten starke Biografie befasst sich packend und realistisch mit Leben und Schaffen des großen Künstlers. Privaten Angelegenheiten wird breiter Raum gegeben.*
- ***„Verdi - La Traviata"*** *von Silke Leopold, Henschel, 2013. Eine kompakte und kenntnisreiche Einführung in Verdis vielleicht bekanntestes Werk. Die ergreifende Geschichte der todgeweihten Kurtisane Violetta wurde 1853 uraufgeführt und zählt zu den erfolgreichsten Opern der Musikgeschichte.*

tastisch präsentiert sich sein **rot-goldenes Interieur.** Die eleganten Logen gehen über sechs Etagen. Insgesamt bietet die Scala Platz für 2800 Zuschauer und die Akustik gilt in Fachkreisen als sensationell.

Wer „La Scala" sagt, denkt meist auch an zwei Ikonen der Operngeschichte, nämlich an den Komponisten **Giuseppe Verdi** und die geniale Sopranistin **Maria Callas.** Auch die Komponisten Bellini, Rossini und Donizetti haben hier große Triumphe gefeiert und Stücke von Richard Wagner kamen und kommen beim verwöhnten Mailänder Publikum ebenfalls gut an. Zu Beginn des 21. Jahrhunderts sorgte der Schweizer Architekt **Mario Botta** durch Umbauten und Erweiterungen dafür, dass die Scala auch in Sachen **Bühnentechnik** für einige Zeit die modernste Oper der Welt sein sollte.

Das im linken Nebengebäude des Theaters untergebrachte **Museo Teatrale alla Scala** gewährt Besuchern mit einer theatergeschichtlichen Sammlung Einblick in die spannende Geschichte der Scala. Dabei helfen nicht nur die diversen Schaukästen, Porträts, Büsten und Fotos, sondern auch alte Theaterprogramme, Entwürfe früherer Bühnenbilder und eine Sammlung historischer Musikinstrumente. Meistens ist es sogar möglich, einen kurzen Blick in den in Gold und Rot gehaltenen luxuriösen Zuschauerraum des Theaters zu werfen.

› Piazza della Scala, Tel. 02 72003744 („Infotel“, auch zu Restplätzen), 02 860775 (telefonisches Buchungssystem), www.teatroallascala.org (auch Online-Buchung). Tickets für die Scala gibt es außerdem im Ticketshop *(Biglietteria/Central Box Office)* unter dem Domplatz (Zugang über die Einstiege zur Metro, tgl. 12–18 Uhr). Wer sich lange vorher um Tickets kümmert, kann mit Glück welche für 40 € oder sogar noch günstiger ergattern. Andererseits gibt es manchmal recht kurz vor der Vorstellung noch Karten vor Ort („Evening Box Office“, an der linken Seite des Theatergebäudes, Via Filodrammatici, 2).

› **Museo Teatrale alla Scala**, Tel. 02 88797473, Eintritt 9 € (reduziert 6 €), „Virtual Reality Experience“ 3 € extra, Booklet 15 € (auch auf Deutsch), geöffnet: tgl. 9–17.30 Uhr (letzter Einlass 17 Uhr)

061ma Abb.: js

10 Palazzo Marino ★ [E4]

Wer durch den Haupteingang der Scala 9 ins Freie tritt, schaut an einer eindrucksvollen, 1872 in der Mitte der Piazza della Scala aufgestellten **Statue Leonardo da Vincis** (die kleineren zu Füßen des Meisters gruppierten Figuren sind vier seiner Schüler) vorbei auf die Fassade des gegenüberliegenden **Palazzo Marino.** Der 1560 fertiggestellte manieristische Palazzo dient heute der **Stadtverwaltung** *(Municipio)* als repräsentativer Sitz. Ungewöhnlich: Die Hauptfassade lag bis zum Ende des 19. Jh. auf der gegenüberliegenden Seite. 1892 wurde das Gebäude sozusagen gedreht und erst seit dieser Zeit „schaut“ es Richtung Teatro alla Scala. Im Gebäude finden regelmäßig Kunstausstellungen statt.

Direkt hinter dem Palazzo Marino steht die Jesuitenkirche **San Fedele** (Baubeginn 1569, www.centrosanfedele.net) an der gleichnamigen Piazza und mitten auf dem Platz eine **Statue zu Ehren von Alessandro Manzoni.** Das in ein Museum umgebaute Wohnhaus des berühmten Literaten 11, steht ganz in der Nähe.

Leonardo und vier seiner Schüler auf der Piazza della Scala [E4]

Nordöstlich des Zentrums

Zwischen dem Domplatz und den Giardini Pubblici entdecken Besucher erst kunsthistorische Schätze in den Museen Poldi Pezzoli und Bagatti Valsecchi und erfahren dann im Modeviertel Quadrilatero d'oro, was den besten Designern der Welt zuletzt Neues und Teures eingefallen ist.

11 Casa di Manzoni ★ [E3]

Das im 18. Jahrhundert errichtete Manzoni-Haus ist zwar nicht das äußerlich bemerkenswerteste Gebäude der Umgebung, dafür aber hat das Innere etwas ganz Besonderes zu bieten, denn hier können der Salon, das Arbeits- und das Sterbezimmer des Nationaldichters **Alessandro Francesco Tommaso Manzoni** (1785–1873) besichtigt werden.

Nachdem er 1814 eingezogen war, entstand hier auch sein mit Abstand bekanntestes Werk, **„Die Brautleute"** („I promessi sposi") von 1827, das als erster moderner Roman Italiens gilt. Die Casa di Manzoni stellt die Original-Manuskripte und andere Dokumente des Schriftstellers aus. Manzonis Grabstätte ist übrigens eine der Hauptattraktionen des Cimitero Monumentale 33.

› Via Gerolamo Morone, 1, Tel. 02 86460403, www.casadelmanzoni.it, geöffnet Di–Fr 10–18, Sa 14–18 Uhr, Eintritt 5 €, reduziert 3 €

LITERATURTIPP

Die Brautleute

Eine unglückliche Verkettung von Unwägbarkeiten und Intrigen verhindert die Vermählung von Lucia und Renzo im Mailand des 17. Jhs. Der 1827 erschienene Historienroman begründete den Ruhm Manzonis und gehört seit Generationen zur Pflichtlektüre italienischer Schüler. Für passionierte Fans wird ein vergangenes Zeitalter wieder lebendig. Die Hauptpersonen sind allen Italienern geläufig.

› „Die Brautleute" von Alessandro Manzoni, dtv, 2003

12 Casa Museo Poldi Pezzoli ★★ [E3]

Schräg gegenüber der Casa di Manzoni 11 befindet sich ein ganz besonderer Wallfahrtsort für Fans erlesener Kunstschätze und Gemälde. Das Zusammenspiel von Einrichtung und Artefakten macht es zu einem der schönsten Museen Mailands.

In den vornehmen Wohnräumen zweier zusammenhängender alter Patrizierpaläste wetteifern Werke von Botticelli, Mantegna, Canaletto und vielen anderen Künstlern um die Gunst des feinsinnigen Publikums. Als besonders **herausragende Schätze** gelten Mantegnas (1431–1506) „Porträt eines Mannes", Cranachs (1472–1553) „Luther mit Frau" und Piero del Pollaiuolos (1443–1496) „Bildnis einer jungen Frau im Profil". Dazu kommen mittelalterliche Teppiche, Gobelins, Waffen, Skulpturen, Juwelen, Murano-Glas, Porzellan und diverse Gerätschaften aus Bronze, Silber und allen anderen erdenklichen edlen Materialien. Besonders erwähnenswert ist auch die Uhrensammlung. Abgerundet wird der Kunstgenuss durch eine herrliche **Gartenanlage.**

Aber wem haben wir diese einzigartige Zusammenstellung von Schätzen zu verdanken? **Gian Giacomo Poldi Pezzoli** (1822–1879) musste sich dank reichlich vorhandenen Familienvermögens zeitlebens nicht mit so lästigen Dingen wie Arbeiten und Geldverdienen beschäftigen, umso intensiver widmete er seine üppige Freizeit dem Aufstöbern von Exponaten aus verschiedenen Epochen der Kunstgeschichte. Sein Hauptinteresse galt dabei der Renaissance und dem Barock. Aus ganz Europa ließ der besessene Sammler Kostbarkeiten herbeischaffen. Waren das zunächst vornehmlich Waffen, Uhren, Schmuck, Murano-Glas, Porzellan und anderer edler Schnickschnack, ließ er sich später auch Skulpturen, Gemälde und edle Möbel (16.–18. Jh.) besorgen.

Um für die Kollektionen **angemessene Räume** zu haben, durften zeitgenössische Künstler die Privatgemächer einschließlich seines sehenswerten Arbeitszimmers einrichten und luxuriös dekorieren. Die Stiftung, der er alles vermachte, öffnete die Residenz dem letzten Willen Poldi Pezzolis entsprechend bereits zwei Jahre nach seinem Tod der Öffentlichkeit. Zum Museum gehört heute auch ein renommiertes **Forschungsinstitut** für Restaurierung und Kunstgeschichte.

› Via Alessandro Manzoni, 12, Tel. 02 794889, www.museopoldipezzoli.it, Eintritt 10 €, reduziert 7 €, Kinder bis 10 Jahre frei, geöffnet Mi–Mo 10–18 Uhr

⑬ Museo Bagatti Valsecchi ★ [F3]

Das ungewöhnliche Museum bietet seinen Besuchern eine **Zeitreise in das Leben zweier Mailänder Aristokraten.** Ende des 19. und zu Beginn des 20. Jahrhunderts gaben die wohlhabenden Brüder Fausto und Giuseppe ihrer ausgeprägten Sammelleidenschaft zügellos nach und ließen ihre zu einem Neo-Renaissancepalast umgebaute Familienresidenz Bagatti Valsecchi mit allem Schönen und Wertvollen bestücken, das sie in die Finger bekamen: Antiquitäten aus der auch damals schon lange vergangenen Renaissance-Zeit, Inventar aller Art, zum Teil auch aus noch älteren Tagen, Waffen, Keramik, Gemälde und vieles andere mehr trugen sie zu einer Art **Gesamtkunstwerk** zusammen, das seinesgleichen sucht und heute von jedermann besucht werden kann. Viele der Exponate stammen aus alten Palästen und säkularisierten Kirchen.

› Via Gesù, Tel. 02 76006132, www.museobagattivalsecchi.org, Eintritt: 9 €, reduziert 6 €, Kombikarte (s. oben), geöffnet: Di–So 13–17.45 Uhr

EXTRATIPP

Sammelkarte (biglietto cumulativo)

Die sogenannte **Case Museo Card** kostet 20 € (reduziert 15 €), ist ein Jahr gültig und berechtigt zum einmaligen Eintritt in die Casa Museo Poldi Pezzoli ⑫ und die drei anderen Case Museo („museale Häuser") di Milano, wobei die beiden unten zuletzt genannten ebenfalls hinreißend eingerichtet, aber insgesamt etwas weniger spektakulär sind:

› **Museo Bagatti Valsecchi** ⑬

1 [eh] **Casa Boschi di Stefano,** Via Giorgio Jan, 15, Tel. 02 20240568, www.fondazioneboschidistefano.it, geöffnet Di–So 10–18 Uhr

2 [G3] **Villa Necchi Campiglio,** Via Mozart, 14, Tel. 02 76340121, www.visitfai.it/villanecchi/dimora (mit virtueller Tour), geöffnet Mi–So 10–18 Uhr

› **Allgemeine Infos** zum Zusammenschluss *(circuito)* der Mailänder Case Museo: www.casemuseomilano.it (mit Videoclip). Das Sammelticket kann in jedem der vier Stadtpaläste erworben werden.

KLEINE PAUSE

Delikatessen direkt vor Ort

Wer gut bei Kasse ist, kann in dem Palazzo, in dem das Museo Bagatti Valsecchi 13 untergebracht ist, auch fürstlich schlemmen. Vielen schmecken die Salami- und Schinken-Spezialiäten des Hauses im herrlichen Innenhof am besten.

› **Il Salumaio** €€, Tel. 02 76001123 und 02 784650, www.ilsalumaiodimontenapoleone.it

Süßes von Cova

Ein Füllhorn an süßen Verlockungen in der Gesellschaft sehr wohlhabender Zeitgenossen genießt man im Café der 1817 gegründeten Pasticceria Confetteria Cova. Der Gründer, Antonio Cova, war Soldat unter Napoleon.

3 [F3] **Pasticceria Confetteria Cova**, Via Montenapoleone, 8, Tel. 02 0276005599 und 02 76000578, www.pasticceriacova.com

14 Quadrilatero d'oro ★★ [F3]

Viele neue Modeschöpfungen sind als Erstes hier zu erhalten, dementsprechend kennt man das „Goldene Karree" auch als **Quadrilatero della Moda.** Fans der **Haute Couture,** die es sich leisten können, decken sich hier mit den Trends der letzten Modewoche ein. Denn wer durch das „Modeviereck" bei den parallel zueinander verlaufenden Straßen Via Montenapoleone und Via della Spiga und ihren Seitenstraßen schlendert, trifft auf engstem Raum auf eine ganze Flut **durchgestylter Läden** von Armani, Dolce&Gabbana, Prada, Trussardi, Louis Vuitton, Bulgari und allen anderen, die im globalen Fashion Business Bedeutung haben – oder daran arbeiten, diese zu erlangen. Dazu gesellen sich **Ateliers** der Extraklasse.

Wer hier shoppen möchte, findet auf S. 83 weitere Infos. Es macht natürlich auch Spaß, einfach nur die Schaufenster und das oft sehr illustre Publikum zu „besichtigen". Viele Kunden fahren standesgemäß im Sportwagen oder mit einer edlen Limousine vor. Abends werfen viele der Edelboutiquen ihre ausgefeilte Schaufensterbeleuchtung an. Den krönenden Abschluss der Shoppingfreuden könnten eine Kaffeespezialität oder ein Aperitivo im gediegenen Caffè Hotel Baglioni (s. S. 80) bilden.

15 Giardini Pubblici ★★ [G2]

Die hübschen „Öffentlichen Gärten" sind Mailands zweiter großer Stadtpark neben dem Parco Sempione 20. Die gepflegte Anlage lädt zum Flanieren und Relaxen ein. Besucher, die etwas unternehmen möchten, stoßen am Südende auf die **Villa Reale,** in der heute die **Galleria d'Arte Moderna Milano** (s. S. 66) mit bemerkenswerten Sammlungen untergebracht ist. Gleich daneben stellt der **Padiglione d'Arte Contemporanea** (s. S. 68) zeitgenössische Kunst aus.

An der Westseite des Parks befinden sich das **Planetario Ulrico Hoepli** und das **Museo Civico di Storia Naturale** (s. S. 67) direkt am breiten Corso Venezia. Das Planetarium ist eines der größten Europas. Das Naturhistorische Museum gilt als bedeutendstes seiner Art in ganz Italien und begeistert seine Besucher u. a. mit Saurierskeletten und ausgestopften Vögeln. Außerdem gibt es eine geologische und eine mineralogische Abteilung.

› Die **Öffnungszeiten** des Parks wechseln mit den Jahreszeiten: Juni–September 6.30–23.30 Uhr, Oktober 6.30–21 Uhr, November–Februar 6.30–20 Uhr, März–April 6.30–21 Uhr, Mai 6.30–22 Uhr

★5 [G2] **Planetario Ulrico Hoepli,** Corso Venezia, 57, Tel. 02 88463340, www.comune.milano.it/planetario, wechselnde Öffnungszeiten, Eintritt 5 €, reduziert 3 €

16 Piazza San Babila ★ [F4]

Auf der geräumigen Piazza San Babila laufen der Corso Venezia, vier weitere Corsos und einige kleinere Straßen zusammen. Bei all dem Trubel im Schatten der modernen Bürogebäude kommt die aus roten Backsteinen erbaute romanische **Kirche San Babila** nicht mehr so zur Geltung wie zur Zeit ihrer Errichtung Ende des 11. Jahrhunderts. Der **venezianische Löwe** auf der Säule vor der Kirche soll übrigens Richtung Venedig schauen – der Stadt, deren Macht dann doch nie bis hierher reichte.

EXTRATIPP

Für Kirchenfans

Nicht weit von der Stelle, an der die Fußgängerzone in die Piazza San Babila mündet, steht die Kirche **San Carlo al Corso**, ein wuchtiger, pantheonartiger Rundbau aus der ersten Hälfte des 19. Jahrhunderts, etwas zurückgesetzt am Corso Vittorio Emanuele II. Wer sich dem Trubel der umliegenden Shoppingbezirke für einige Zeit entziehen möchte, ist hier richtig.

★4 [F4] **San Carlo al Corso**

Elegante Geschäfte säumen den belebten Corso Vittorio Emanuele II, der die Piazza San Babila mit dem Domplatz verbindet und für den Straßenverkehr gesperrt ist.

› **Kirche San Babila**, Piazza San Babila, Tel. 02 76002877, www.sanbabila.org

Brera, Castello Sforzesco und Parco Sempione

Mailands grüne Lunge, eine Burg und ein Künstlerviertel mit Bohème-Flair – mit diesem ungewöhnlichen Dreiklang kann der Charme der Gegend im Norden und Nordwesten des „centro storico" knapp zusammengefasst werden.

Brera ist nach wie vor eines der lebendigsten Szeneviertel der Stadt. Herrlich gepflasterte Straßen, kleine Gässchen, Kunstgalerien und Boutiquen sorgen an der **Via Brera** und in ihrer Umgebung schon seit Jahrzehnten für eine Art gehobene Bohème-Atmosphäre. Als populärste Aperitif-Bar gilt die Bar Brera (s. S. 74).

Auch Straßenmusiker und Open-Air-Entertainer fühlen sich hier wohl. Liedermacher mit Gitarre, Wahrsager, Tarot-Kartenkünstler und Straßenhändler buhlen um die Aufmerksamkeit der Passanten und Bar-Besucher. Top-Sehenswürdigkeit des Stadtteils ist die Pinacoteca di Brera – ein Gemäldeparadies ersten Ranges!

17 Pinacoteca di Brera ★★★ [E3]

Raffael, Luini, Caravaggio, Rubens, Rembrandt, van Dyck – das sind nur einige der italienischen und niederländischen Meister, deren Werke in dem barocken Palazzo di Brera im gleichnamigen In-Viertel ausgestellt werden.

Schon das Gebäude mit seinem sehenswerten Arkadenhof ist einen Besuch wert: Der Ende des 17. Jahrhunderts erbaute **Renaissancepalast** wurde ursprünglich als Jesuitenkon-

027ma Abb.: js

vent genutzt, aber nach dem Verbot des Ordens 1773 seiner neuen Bestimmung als Sitz der Accademia di Belle Arti zugeführt.

Die Bezeichnung „Brera" geht übrigens auf die in den Palazzo integrierte Kirche **Santa Maria di Brera** zurück, die einst einsam auf „Brachland" *(brayda)* stand, das heißt auf städtebaulich nicht erschlossenem Gebiet. Wenig bekannt: Das Wörtchen *brayda* – und damit auch „Brera" – geht auf denselben germanischen Ausdruck zurück, aus dem unser „breit" wurde.

Die Pinacoteca di Brera gilt als eine der **bedeutendsten Kunstsammlungen Italiens.** Als didaktische Sammlung für die Kunstakademie gegründet, ist sie heute im ersten Stock des Palazzo untergebracht. Viele Kunstfreunde kommen allein wegen der hier ausgestellten **Meisterwerke aus acht Jahrhunderten** nach Mailand. Den Schwerpunkt bilden Arbeiten aus dem 15. bis 19. Jahrhundert. Der Hauptschatz sind Werke norditalienischer Meister. Fast alle von Rang und Namen sind vertreten: Carpacchio, Corregio, Bellini, Bembo, Tizian und viele andere mehr. Auch El Greco ist zu finden, außerdem Francesco Hayez mit seiner sensationellen Arbeit „Der Kuss" von 1859. Im 20. Jahrhundert kamen unter anderem Arbeiten von Marino Marini, Giacomo Balla und Umberto Boccioni dazu.

Sehr sehenswert ist auch die Sammlung von **Fresken** aus diversen Kirchen, darunter auch welche von Bernardino Luini (um 1480–1532), glühender Verehrer Leonardo da Vincis. Überhaupt hat die Pinakothek die meisten Werke mit religiösem Hintergrund der Säkularisierung im 19. Jahrhundert zu verdanken.

Im **Innenhof** des Palazzos beeindruckt eine 1809 von Antonio Canovas geschaffene, über 3 Meter hohe und tonnenschwere Bronzestatue Napoleons. Sie zeigt den kleinen Korsen als friedensbringenden Gott Mars.

Direkt südlich der Pinacoteca schließt sich der im 18. Jahrhundert unter der Habsburgerin Maria Theresia angelegte **Orto Botanico** an. Hier erholen sich Kunstfreunde von ihrem Gemälde-Overkill in der Pinakothek. Danach könnte ein Aperitivo in der nahen Bulgari Hotel Bar (s. S. 80) den Tag abrunden.

› Via Brera, 28, Tel. 02 72263264/229, www.brera.beniculturali.it (mit virtueller Tour, für den Online-Ticketkauf „Info" klicken, dann „ONLINE"), Eintritt: 10 €, erm. 7 €, Personen unter 18 und über 65 Jahre frei, Audioguide 5 € (auch auf Deutsch), geöffnet: Di–So 8.30–19.15 Uhr (der Ticketshop schließt um 18.40 Uhr), geschlossen: montags und 1. Januar, 1. Mai und 25. Dezember. Jeden ersten Sonntag des Monats ist der Eintritt frei – und der Andrang entsprechend groß.

EXTRATIPP

Abstecher in Italiens Geschichte

Das **Museo del Risorgimento** (s. S. 67) informiert über Entwicklung und Ablauf der Einigung Italiens vom Napoleonfeldzug 1796 bis zur Einbeziehung Roms in das Königreich Italien 1870. Exponate verschiedenster Art, darunter zahlreiche Original-Dokumente und Drucke, lassen diesen wichtigen Abschnitt der italienischen Geschichte lebendig werden. Nur einen Katzensprung von der Pinacoteca di Brera 17 entfernt ist das Museum im Ende des 18. Jhs. fertiggestellten neoklassischen Palazzo Moriggia untergebracht.

18 San Simpliciano ★ [D2]

Die Kirche San Simpliciano steht ein wenig im Schatten von Mailands weit bekannteren Kirchenbauten, allen voran der Dom 1 und die Basilica di Sant'Ambrogio 27. Dabei ist sie untrennbar mit dem Namensgeber Letzterer verbunden. Denn **Kirchenvater Ambrosius** veranlasste ihren Bau im 4. Jahrhundert. Vollendet wurde er unter seinem Nachfolger, **Bischof Simplicianus.** Nach ihm ist das Gotteshaus auch benannt.

Die Grundmauern aus der frühchristlichen Zeit sind erhalten geblieben, allerdings stammt der heutige Bau im Wesentlichen aus dem 12. Jahrhundert. Glanzstück in seinem Innern ist das **Fresko der Krönung Mariens** auf der Apsis, eine zu Beginn des 16. Jahrhunderts ausgeführte Arbeit des italienischen Malers Bergognone (1453–1523). Die beiden schönen **Kreuzgänge** sind ein Hort der Ruhe und Entspannung.

Alljährlich am 29. Mai lässt man auf dem Vorplatz der Kirche **weiße Tauben fliegen.** Hintergrund dieses Brauchs ist eine Legende, derzufolge drei christliche Märtyrer in der Gestalt weißer Tauben eine mittelalterliche Schlacht gegen Kaiser Barbarossa zugunsten der Lombarden entschieden.

Die Besichtigung einer der ältesten Kirchen Mailands könnte mit einem Besuch des Acquario Civico 21 oder des Piccolo Teatro Strehler (s. S. 82) verbunden werden, denn beide befinden sich in unmittelbarer Umgebung.

› Piazza San Simpliciano, 7, Tel. 02 862274, www.sansimpliciano.it

19 Castello Sforzesco ★★★ [D3]

Das Kastell ist der touristische Hotspot im Nordwesten des Zentrums. Ab 1450 ließ Francesco Sforza die rote Anlage an genau der Stelle errichten, an der zuvor die deutlich unscheinbarere Burg der Familie Visconti stand. Leonardo da Vinci war an Details des Baus beteiligt.

◁ Im Innenhof der Pinacoteca di Brera 17

Musei Civici del Castello Sforzesco

Links und rechts der beiden prächtigen Innenhöfe des Castello (19) wartet ein buntes Sortiment an **Museen** auf Besucher. In mit Kunst weniger verschwenderisch gesegneten Städten wäre jede einzelne der Sammlungen eine beachtenswerte Sehenswürdigkeit. In Mailand reicht es nur für einen Platz im Mittelfeld.

- **Musei Archeologici:** Vor- und Frühgeschichte und Altes Ägypten
- **Musei d'Arte Antica:** vor allem Gemälde und antike Skulpturen
- **Musei delle Arti Decorative:** Schwerpunkt Waffen und Möbel, außerdem Keramik, Wandteppiche und viele andere dekorative Dinge mehr
- **Museo degli Strumenti Musicali:** Musikinstrumente. Mit Studio di Fonologia Musicale della Rai (Musik- und Tonstudio, 1955–1983)
- **Archivi e Biblioteche:** Gedrucktes und Handschriften

Zeitgenössische Spitzenarchitekten gaben der riesigen Zitadelle die quadratische Grundform mit den vier wuchtigen Ecktürmen. Der fast 70 Meter hohe Torturm mit Uhr, der **Torre del Filarete**, bildet den zur Stadtseite hin gelegenen Haupteingang der Festungsanlage. Er wurde 1905 nach dem Vorbild des originalen Turms von 1452 an derselben Stelle errichtet. Das Original war 1521 in die Luft geflogen, vermutlich ein Unfall mit einer größeren Menge Schießpulver. Die Baupläne gehen auf den innovativen Renaissance-Architekten und Namensgeber des Turms Filarete zurück.

Unter spanischer Herrschaft wurde die Anlage zu einer wuchtigen Bastion ausgebaut. Besucher können heute auch die **historischen Wehrgänge** erkunden. Wer durch den Torre del Filarete spaziert, findet sich auf dem früheren Exerzierplatz, der Piaz-

Im Innenhof des Castello

028ma Abb.: is

za d'Armi, wieder. Hier kann man das riesige Geviert des Innenhofes auf sich wirken lassen und dann an dessen gegenüberliegendes Ende bummeln, wo sich die Eingänge zu den **Museen** befinden.

Höhepunkte einer Besichtigung sind das **Fries des Stadttores Porta Romana** von 1171, das einen Visconti-Fürsten darstellende Reiterstandbild von Bonino di Campione (14. Jahrhundert) und die von Leonardo da Vinci in der Art einer Eichenlaube ausgemalte **Sala delle Asse.** Außerdem kann eine **Pinakothek** mit italienischer Malerei des 15. bis 18. Jahrhunderts besucht werden. Vertreten sind unter anderem die Meister Mantegna, Canaletto und Tiepolo. Dazu kommen noch Ausstellungen **antiker und ägyptischer Exponate,** eine der bedeutendsten **Musikinstrumentensammlungen** der Welt und **Kunsthandwerk** aus Keramik, Porzellan und anderem Material. **Bibliothek** und **Archiv** bewahren unzählige Handschriften, die bis ins 8. Jahrhundert zurückgehen, und frühe Druckwerke ab dem 16. Jahrhundert.

Zu den **künstlerischen Highlights** im Castello zählt die **„Pietà Rondanini"** – Michelangelos letzte, unvollendet gebliebene Marmorskulptur von 1564. Fast 2 Meter hoch zeigt sie Maria und den vom Kreuz abgenommenen Jesus in aufrechter Position. Der Künstler soll diese Arbeit für sein eigenes Grab vorgesehen haben und arbeitete noch im stolzen Alter von fast 90 Jahren an ihr. Allerdings konnte er die Skulptur nicht mehr fertigstellen. Auch für Laien ist leicht erkennbar, dass Michelangelo während des Schaffens eine völlige Umgestaltung vorgenommen hat und sogar Teile der Skulptur wieder zerstörte. Unter Kunsthistorikern heftig umstritten ist die Frage, ob er das

Filarete – seiner Zeit voraus

Antonio di Pietro Averlino (um 1400 bis um 1469) war ein italienischer Bildhauer, Ingenieur und Architekturtheoretiker der Renaissance. Er gab sich selbst den Namen ***Filarete*** *(altgriechisch für „Tugendfreund"). Sichtbare Ergebnisse seiner praktischen Arbeit in der Lombardei sind unter anderem der nach seinen Plänen erbaute und auch gleich nach ihm benannte Torturm des Castello Sforzesco* **19***, der* ***Torre del Filarete,*** *und der* ***Dom von Bergamo*** *(Duomo di Bergamo, s. S. 60).*

Filaretes umfangreiche theoretische Abhandlung „Trattato di architettura" (Architekturtraktat) entstand zwischen 1460 und 1464. In Form eines allegorischen Romans beschreibt er darin die ideale Renaissance-Stadt Sforzinda. Seine mit einem sternförmigen Straßennetz versehene Musterstadt weist unter anderem auch einen zehnstöckigen Turm auf, in dem neben einem Bordell auch eine Sternwarte untergebracht ist. Außerdem werden in dem Traktat Fragen der Ausstattung von Häusern, der Einsatz von Baumaschinen, zeitgenössische Bautechniken und vieles andere mehr behandelt. Das Werk stieß zur Zeit Filaretes auf wenig Gegenliebe, dennoch wurden 1593 mit der Anlage der Stadt Palmanova (www.comune.palmanova.ud.it) südlich von Udine unweit der slowenischen Grenze einige Einfälle Filaretes umgesetzt – allerdings nicht das Konzept des vielseitig genutzten, zehn Etagen hohen Turms.

029ma Abb.: fo © Ivan Floriani

tat, um eine ursprüngliche Idee durch eine neue zu ersetzen, oder ob sich der Meister bloß verhauen hatte bzw. auf Materialmängel stieß.

Der Zusatz „Randonini" verweist darauf, dass sich die Skulptur bis 1953 im Privatbesitz einer Familie dieses Namens befand.

Wer die Burganlage von der Innenstadt kommend über den Torre del Filarete betritt und komplett durchschreitet, gelangt über eine den urigen Burggraben überspannende **Brücke** direkt in den Ende des 19. Jahrhunderts angelegten Parco Sempione 20.

› Generelle Öffnungszeiten des Castello Sforzesco: Winterzeit tgl. 7 bis 18 Uhr, Sommerzeit tgl. 7 bis 19.30 Uhr, Öffnungszeiten der Museen: Di–So 9–17.30 Uhr, Ticketshop und Eintritt schließen um 17 Uhr. Info-Hotline: Tel. 02 88463700 www.comune.milano.it/museiemostre, www.milanocastello.it, Eintritt für alle Museen auf einmal: 5 € (reduziert 3 €), Kinder und Jugendliche frei, dienstagnachmittags ist der Eintritt in die Museen ab 14 Uhr kostenfrei

20 Parco Sempione ★★ [C2]

Die weitläufige Grünanlage diente zunächst als Lustgarten der Großherzöge, dann als Exerzierplatz und heute als Mailands Naherholungsziel Nummer eins. Seine aktuelle Erscheinung eines Stadtparks im Stile eines englischen Gartens mit fast 400.000 m² Fläche erhielt er Ende des 19. Jh.

In der warmen Jahreszeit ist hier immer etwas los. Jogger drehen ihre Runden auf den nach europäischen Dichtern benannten Kieswegen, Familien und Paare flanieren und finden Erholung, auf den Wiesen wird gedöst, gepicknickt, Fußball gespielt oder anderen Sportarten nachgegangen.

Doch der Park bietet nicht nur Natur-, sondern auch **Kunstgenuss.** Wer nämlich nicht nur bummeln und am See faulenzen möchte, den erwarten im Parco Sempione eine ganze Reihe an locker zu Fuß erreichbaren Attraktionen. Von Ost nach West stehen bereit: das Acquario Civico 21, die Arena Civica, das Triennale Design Mu-

KLEINE PAUSE

Im Herzen des Parks
Die **Bar Bianco** (s. S. 80) eignet sich für einen kurzen Zwischenstopp genauso gut wie für einen Umtrunk am Ende des Ausflugs in den Park. Zur Aperitivo-Zeit gibt es Häppchen.

seum 22 und – Tipp des Autors – der Torre Branca 23. Am Ende einer gedachten Verlängerung des Haupteingangs der Burg erreicht man dann den mächtigen Triumphbogen Arco della Pace (s. S. 38).

› Was seine Öffnungszeiten angeht, kennt der Parco Sempione nur zwei Jahreszeiten: Mai–September: 6.30–23.30 Uhr, Oktober–April: 6.30–21 Uhr

21 Acquario Civico ★ [D2]

Steinerne Wasserpflanzen, Fische und andere Meeresbewohner zieren die Fassade des 1906 in der Ostecke des Parks errichteten **Jugendstilgebäudes.** 1906? War da nicht was? Genau, die erste Weltausstellung in Mailand. Ihre Organisatoren schenkten das **Aquarium** nach der damaligen Schau der Stadt und diese hält es bis heute in Ehren. Fans bunter Fische, Quallen und Korallen werden sich von den vielen Aquarien nur schwer wieder losreißen können.

Die 1805 in napoleonischer Zeit errichtete ovale **Arena Civica** gleich um die Ecke ist nur bei besonderen Veranstaltungen geöffnet, z. B. bei Radrennen und Rugby-Spielen.

› **Acquario Civico,** Viale Gadio, 2, Tel. 02 88465750, www.acquariocivicomilano.eu, Eintritt 5 € (red. 3 €), Do und ab einer Stunde vor Schließung frei, geöffnet Di–So 9–17.30 Uhr

› **Arena Civica,** Viale Giorgio Byron, 2, Tel. 02 0202 (Verwaltung)

22 Triennale Design Museum ★★ [C2]

In der westlichen Hälfte der Parkanlage kann im Triennale Design Museum moderne Kunst besichtigt werden. Untergebracht ist es im **Palazzo dell'Arte**, der für die Triennale 1933 errichtet wurde. Die Ausstellungen beschränken sich nicht auf **allerneueste Schöpfungen**, sondern zeigen auch **Klassiker modernen italienischen Designs**, darunter auch Moped-Modelle, Klappstühle, Lampen und Sitzsäcke.

Wechselausstellungen, eine spezialisierte Buchhandlung und das Triennale Design Café mit schönem Außenbereich unter Bäumen machen den Kunstpalast zu einem beliebten Treff für kunstsinnige Mailänder und Besucher der Stadt. Seit 2007 beherbergt die Anlage mit dem **Triennale Teatro dell'Arte** (s. S. 82) auch ein Theater.

› Viale Emilio Alemagna, 6, Tel. 02 724341, www.triennale.org, Eintritt 8 €, reduziert ab 5,50 €, Audioguide inklusive. Das sogenannte Biglietto unico für 10 € ist eine Art Kombiticket und inkludiert weitere Ausstellungen im Museum, geöffnet: Di–So 10.30–20.30 Uhr. Letzter Einlass 19.30 Uhr. Der zur Anlage gehörende baumbestandene Garten ist von April bis Oktober zugänglich.

◁ Der Parco Sempione – ein idyllischer Fleck im Herzen der Metropole

㉓ Torre Branca ★★ [C2]

Der **Aussichtsturm** steht schon seit 1933 in der Nordwestecke des Parks. Der Lift bringt den Besucher in knapp 90 Sekunden bis auf 99 Meter Höhe. Die erlaubte Verweildauer liegt offiziell nur bei ca. 7 Minuten, aber wenn wenig los ist und der Liftführer gute Laune hat, schaut er auch mal nicht so genau auf die Uhr.

Die **Rundumsicht** ist bombastisch: Über Park und Burg hinweg schaut man bis zum Dach des Doms und darüber hinaus. Wer die Runde um die Panoramafenster macht, sieht, wie in verschiedenen Stadtteilen Hochhäuser entstehen. In nördlicher Richtung sind bei gutem Wetter die italienischen Alpen zu erkennen. Manchmal wird hier oben eine kleine Auswahl an Gemälden, Zeichnungen und anderen Werken noch wenig bekannter Künstler aufgestellt und feilgeboten.

Die **Höhe** von 108,5 Metern ist übrigens kein Zufall. Denn in den 1930er-Jahren nahm man es noch sehr genau mit dem Ideal, dass kein Mailänder Bauwerk die goldene Madonnina auf dem Dom ❶ überragen sollte.

› Die Fahrt mit dem Lift kostet einheitlich 5 €, Ticket-Tel. 02 3314120, www.museobranca.it/torre-branca-2. Die Öffnungszeiten ändern sich häufig, derzeit (Winter 2017/2018) gilt: Mi 10.30–12.30, 16–18.30, Sa 10.30–13, 15–18.30, 20.30–24, So 10.30–14, 14.30–19 Uhr. Im Sommer (Mitte Mai bis Mitte Sept.): Di, Do, Fr 15.30–19, 20.30–24, Mi 10.30–12.30, 15–19, Sa/So 10.30–14, 14.30–19.30, Sa zusätzlich 20.30–24 Uhr. **Achtung:** Bei schlechtem Wetter bleibt der Turm geschlossen. Abends kann man den Turmbesuch mit einer Einkehr in die Bar Just Cavalli Milano (s. S. 81) verbinden, am besten zur Aperitivo-Zeit.

EXTRATIPP

Abstecher

Der 25 Meter hohe Friedensbogen **(Arco della Pace)** am stadtauswärts gelegenen Ende des Parks ist mit weißem Marmor verkleidet und erinnert an den Europäischen Frieden von 1815.

•6 [B2] **Arco della Pace**

Westlich des Zentrums

Top-Sights im Westen der Mailänder Innenstadt sind das Museo Nazionale della Scienza e della Tecnologia Leonardo da Vinci und drei prächtige Kirchen, jede von ihnen auf andere Weise herrlich. Außerdem ist hier mit „Das letzte Abendmahl" eine Ikone der Kunstgeschichte zu besichtigen.

㉔ Basilica di Santa Maria delle Grazie und da Vincis „Abendmahl" ★★★ [B4]

Für viele Reisende ist die Besichtigung von Leonardo da Vincis monumentalem Wandgemälde „Das letzte Abendmahl" einer der Höhepunkte ihres Mailand-Besuchs. Die große Basilika gleich nebenan gehört zu demselben Gebäudekomplex, in dem das „Abendmahl" bewundert werden kann.

Die **Basilika** wurde 1469 zunächst als gotischer Backsteinbau vollendet. Die später von Bramante gestaltete polygonale und mit schicken Doppelpfeilern gegliederte Kuppel gilt genauso wie die Chorpartie als **Meisterwerk der Frührenaissance** und beeinflusste die lombardische Baukunst nachhaltig. Der schmucke Gesamteindruck, den Betrachter vom Äußeren der Kirche gewinnen, wird durch die gefällige Zweifarbigkeit (rot/weiß) noch unterstrichen.

Im **Innern der Dominikanerkirche** bewundern Besucher einen eindrucksvollen Mix aus gotischen Elementen und dekorativen Vorstellungen der Renaissance. Die Barockkapelle der namengebenden Gnadenmadonna (Madonna delle Grazie) befindet sich am Ende des linken Seitenschiffs, das Gnadenbild auf dem Altar. Der sehenswerte kleine **Kreuzgang** mit dem ungewöhnlichen **Frösche-Brunnen** wurde ebenfalls nach Plänen Bramantes errichtet. Besagte Frösche befinden sich im mittleren Becken.

An der Gestaltung der geräumigen Sakristei hatte auch **Leonardo da Vinci** Anteil. Auf ihn soll beispielsweise die Idee mit den verknoteten Kordeln an der Decke zurückgehen. In der **Sakristei** können Original-Bögen aus Leonardos „Codex Atlanticus" besichtigt werden.

Das ganze Ensemble, also Kirche und Dominikanerkloster Santa Maria delle Grazie mit Leonardos Abendmahl-Gemälde, erhielt bereits 1980 den Ehrentitel „UNESCO-Welterbe".

› **Basilica di Santa Maria delle Grazie,** Piazza Santa Maria delle Grazie, Tel. 02 4676111, www.legraziemilano.it (mit virtueller Tour), Eintritt kostenlos

Museo del Cenacolo Vinciano

Das ehemalige Dominikanerkloster neben der Basilika würde es auch ohne den **ganz besonderen Schatz** in seinem Inneren auf die Liste besonders herausragender Sehenswürdigkeiten in Mailand schaffen. Der Knüller aber ist, dass hier Ende des 15. Jahrhunderts an einer Wand des Speisesaals (Refektorium) das berühmteste Wandgemälde aller Zeiten Gestalt annahm: Als Meilenstein der Renaissance begeistert Leonardo da Vincis Meisterwerk **„Das letzte Abendmahl"** („Il Cenacolo Vinciano" oder „L'Ultima Cena") durch Komposition, Ausführung und Anziehungskraft. Seine kunsthistorische Bedeutung ist nach einhelliger Expertenmeinung enorm.

Im Auftrag des Mailänder Herzogs Ludovico Sforza hatte der Meister 1495 begonnen, die Nordwand besagten Speisesaals in der **Seccotechnik** anzumalen. In Sachen Haltbarkeit keine gute Idee (siehe Exkurs „Restaurierungsbemühungen" S. 40). Leonardo hielt auf seinem über 9x4 Meter großen Gemälde den biblischen Moment fest, in dem Jesus seinen Jüngern mitteilt, dass ihn einer von ihnen bald verraten wird. Tisch und Teilnehmer sind dabei an der vorderen Begrenzung des Raums angeordnet. Das Licht, das die Szene ausleuchtet, scheint nicht aus dem gemalten Fenster im Hintergrund zu kommen, sondern schräg von links wie das wirkliche Licht, das durch Fenster an der linken Wand des (tatsächlichen) Raums einfällt.

Aber was genau macht das tausendfach kopierte und imitierte Kunstwerk so besonders? Was unterscheidet es von allen vorher geschaffenen Gemälden? Warum genau gilt es als ganz besonderer Höhepunkt in Leonardos auch ansonsten kolossalem künstlerischen Werk?

Zunächst einmal ist da ein ganz profaner Effekt: „Il Cenacolo" vermittelte aufgrund der **genial eingesetzten Perspektive** den Mönchen (und heute uns) den Eindruck, ihr Speisesaal sei wesentlich tiefer. Besonders bemerkenswert: Die perspektivische Tiefe ist mathematisch korrekt konstruiert und absolut einwandfrei wiedergegeben. Auch findet man an vielen Stellen den sogenannten **goldenen Schnitt,** also die ganz besondere Relation von Gegenständen zueinander, die kultur-

Restaurierungsbemühungen

Der Kampf gegen den Verfall des großen Wandgemäldes setzte schon früh ein, denn das Bild ist in der sogenannten Seccotechnik (wörtlich: trockene Technik) ausgeführt. Das bedeutet, dass die Farbe nicht wie beim „Fresco" (wörtlich: Frische) auf den noch feuchten – also frischen – Putz aufgetragen wurde, sondern auf knochentrockenem. Leonardo wollte beim Abendmahl nämlich nicht dem bei der Fresco-Malerei üblichen Zeitdruck ausgesetzt sein. Gelegentlich betrachtete er den Stand seiner Arbeit stundenlang aus gebührender Entfernung ohne den Pinsel zu bewegen – oft sehr zum Missfallen des ungeduldigen Klosterpriors.

Da sich die für „Seccos" vorzugsweise verwendeten Materialien aber nicht sehr dauerhaft mit dem Untergrund verbinden und Leonardo außerdem die Feuchtigkeit der 70 cm starken Klosterwand unterschätzte, war das Kunstwerk von Anfang an seinem Verfall geweiht. Schon etwa zehn Jahre nach Fertigstellung setzten die ersten Ablöseerscheinungen ein. Aus einiger Entfernung wirken diese wie ein Ausbleichen oder Verwaschen der Farben. Dazu kam noch, dass man nicht immer sehr schonend mit dem sensiblen Werk umsprang. Legendärer Tiefpunkt: Napoleons Truppen sollen das Refektorium eine Zeit lang als Pferdestall zweckentfremdet haben – und auch bei den Bombenangriffen 1943 wurde der Speisesaal in Mitleidenschaft gezogen. Wie durch ein Wunder und weil die Mönche sie mit Sandsäcken geschützt hatten, blieb die Wand mit dem großformatigen Bild weitgehend heil.

Im frühen 18. Jahrhundert setzte man das Gemälde der ersten von mittlerweile mindestens sieben großen Restaurierungsrunden aus. Oft erschöpften sich die Rettungsversuche in mehr oder weniger gelungenen Übermalungen des vorherigen Zustands. Bei diesen Aktionen ging allerhand schief, beispielsweise erhielt Simon – der Abendmahlteilnehmer ganz rechts – plötzlich einen Vollbart, den er früher nicht hatte und der ihm mittlerweile wieder abgenommen wurde. Auch wird angenommen, dass einige Teile

übergreifend als harmonisch empfunden wird. Ein Beispiel: Dort, wo Jesus und die Person rechts neben ihm die Hände haben, wird das Bild im Verhältnis des goldenen Schnitts geteilt.

Kunsthistoriker erklären das Faszinosum mit dem „Cenacolo" außerdem mit der für die damalige Zeit spektakulär **neuen dramatischen Auffassung** Leonardos: Seine **Komposition** ist nämlich wesentlich lebhafter als frühere Werke zu demselben Thema. Er verzichtet außerdem auf Heiligenscheine und die bis dahin übliche plumpe szenische Isolierung des Verräters Judas. Die Apostel sind ganz bewusst in **vier Teileinheiten** angeordnet, die auf **unterschiedlichste Weise** auf die ungeheuerliche Enthüllung ihres Herrn reagieren. **Jesus selbst** wird durch das rote Gewand mit blauem Überwurf, die eindeutige Zentralperspektive und den Lichteinfall ganz klar hervorgehoben.

Die vier Dreiergruppen der Jünger von links nach rechts im Überblick:

Links: Bartholomäus, Jakobus und Andreas sind allesamt überrascht und dabei empört (Bartholomäus), starr vor Entsetzen (Jakobus) bzw. in

062ma

des Bildes, vor allem auf der linken Seite und inklusive Judas' Kopf nur noch die Bildkomposition mit dem Originalgemälde gemeinsam haben.

Die letzte große Restaurierung konnte 1999 nach gut 20 Jahren des Hantierens mit Pinzetten und Mikroskop abgeschlossen werden. Die von der Restauratorin Pinin Brambilla Barcilon geleitete Restaurierung hatte übrigens auch Kritiker auf den Plan gerufen. Denn viele hatten die verwitterte, Patina-überzogene, fast schon gespenstische Ausstrahlung des früheren Zustands schätzen gelernt. Doch das Ergebnis der Restaurierung gab den Befürwortern Recht: Die wiedereroberten Farben des Originals sind wesentlich heller und ausdrucksstärker. Beispielsweise können Betrachter endlich wieder sehen, wie weiß der Meister das Tischtuch haben wollte. Auch die Mimik der Abgebildeten und unzählige andere Details bis hin zu den Gegenständen auf dem Tisch kommen viel deutlicher und feiner zur Geltung. Aspekte, die jahrhundertelang verdeckt waren, tauchten wieder auf – z. B. Reflexionen im Geschirr.

› *Ein interessantes Buch mit vielen Hintergründen zu dem weltberühmten Bild ist „Leonardo und Das Letzte Abendmahl" des Kunsthistorikers Ross King (s. S. 113).*

einer Abwehrhaltung à la „Ich doch nicht" (Andreas)

Halblinks: Petrus ist aufgebracht und will unbedingt Näheres erfahren. Er beugt sich zu Jesu sanftmütigem Lieblingsjünger Johannes, der den Kopf senkt, während sich Judas Ischariot von beiden abwendet (oder weggestoßen wird?). Subtil: Das Gesicht des Verräters taucht dabei in den Schatten. In der einen Hand hält er ein Geldsäckchen, mit der anderen wirft er das Salz um. Sein Blick geht über das Haupt Jesu hinweg. Man spekuliert, dass es sich bei der Darstellung des Johannes eigentlich um Maria Magdalena handle. Die abgebildete Person wirke sowohl in der Totalen als auch aus der Nähe betrachtet sehr feminin. Manche meinen, man könne sogar den Brustansatz erkennen.

Halbrechts: Thomas zeigt aufgebracht zum Himmel, Jakobus der Ältere breitet erschrocken die Arme aus und Philippus wirkt tief betroffen. Damit repräsentieren alle drei Gefühle wie Zorn und Entsetzen.

Rechts: Matthäus, Thaddäus und Simon diskutieren vom restlichen Geschehen weggewandt untereinander.

Alle drei wirken bestürzt. Matthäus scheint Simon zu fragen, ob Jesu Mitteilung überhaupt stimmen könne.

Goethe sah sich das Gemälde 1788 auf seiner Rückreise aus Rom näher an. Die damals schon weltberühmte Komposition animierte den genialen Dichterfürsten zu Reflexionen über das südländische Temperament im Allgemeinen, denn er notierte zu der Frage, warum das Bild so lebendig wirke: „Es ist die Bewegung der Hände. Dies konnte aber auch nur ein Italiener finden. Bei seiner Nation ist der ganze Körper geistreich, alle Glieder nehmen teil an jedem Ausdruck des Gefühls, der Leidenschaft, ja des Gedankens."

Um die Gestaltung der **Physiognomie von Jesus und Judas** ranken sich einige Mythen. Als sicher gilt, dass sich Leonardo als notorischer Perfektionist sehr schwer tat, adäquate Gesichtszüge für die beiden zu finden und auszuführen. Einer lustigen Legende zufolge soll er dem Prior des Klosters Santa Maria delle Grazie angedroht haben, den Judas nach ihm zu gestalten, wenn er es nicht bleiben ließe, unaufhörlich Zeitdruck zu machen. Der zu Tode erschrockene Mann soll sich daraufhin nie wieder über die Dauer der sich jahrelang hinziehenden Arbeiten beschwert haben.

› **Museo del Cenacolo Vinciano,** Piazza Santa Maria delle Grazie, 2, Ecke Corso Magenta, Tel. 02 4987588. Museum wird nicht über den Haupteingang zur Basilika betreten, sondern hat einen eigenen Eingang unmittelbar links der Kirchen-Hauptfassade. Eintritt: 6,50 €, reduziert 3,25 €, Buchungsgebühr 1,50 €, EU-Bürger unter 18 und über 65 Jahre frei (aber Buchungsgebühr), geöffnet: Di–So 8.15–19 Uhr: Ticket-Buchung: www.cenacolo.it, Buchungs-Hotline: Tel. 02 92800360 (Mo–Sa 8–18.30 Uhr). Daneben gibt es noch Ticketportale wie z. B. www.vivaticket.it.

› **Achtung:** Problematisch ist weniger der Eintrittspreis als vielmehr die Herausforderung, überhaupt Tickets für die auf 15 Minuten limitierte Besichtigungsdauer zu bekommen. Die täglich etwa 40 Durchgänge mit in der Summe maximal 1075 Besuchern sind stets ausgebucht. Individualreisende, die das Kunstwerk an einem ganz bestimmten Tag oder gar zu einer konkreten Tageszeit bestaunen möchten, sollten deshalb schon Monate vorher reservieren.

› **Tipp:** V.a. außerhalb der Saison kann es sich lohnen, kurzfristig nach einem freien Platz in den vielen jeden Tag durch das Refektorium geschleusten Gruppen zu fragen. Denn wer nicht rechtzeitig zu seinem auf die Minute genau festgelegten Termin erscheint, verliert den Anspruch auf seine 15 Minuten Besichtigungszeit. Manche Reiseveranstalter haben Kombipakete im Angebot, die auch einen Besuch des Cenacolo beinhalten. Manchmal kann ein solches Paket ohne längeren Vorlauf erworben werden (siehe Kombi-Pakete der CitySightseeing-Busse, s. S. 121).

25 La Vigna di Leonardo ★ [B4]

Um sich von seinen vielfältigen Aktivitäten erholen zu können, erhielt Leonardo da Vinci 1498 einen **Weingarten mitsamt gepflegter Parkanlage** geschenkt. Das sich gleich gegenüber der Basilica di Santa Maria 24 befindende Areal wurde liebevoll restauriert und ist seit 2015 für die Öffentlichkeit zugänglich. Bei der Villa auf dem Gelände handelt es sich um die **Casa degli Atellani,** die man während einer knapp 30-minütigen Tour mit Audio-Guide erkunden kann (10 €, red. 8 €).

› **La Vigna di Leonardo,** Corso Magenta, 65, Tel. 02 4816150, www.vignadileonardo.com, geöffnet: tgl. 9–18 Uhr

26 Chiesa di San Maurizio al Monastero Maggiore ★ [C4]

Berühmt ist die schmucke Renaissance-Kirche aus dem 16. Jahrhundert zum einen für ihre ausdrucksstarken **Fresken** – allen voran die farbenfrohen Arche-Noah-Darstellungen –, zum anderen für die **Trennwand**, hinter der die einstigen Nonnen des benachbarten Klosters der Benediktinerinnen demselben Gottesdienst folgten wie das gemeine Volk. Just diese Trennwand ist übrigens mit besonders prächtigen Malereien verziert. Wer farbenfrohe Darstellungen von Bibelgeschichten mag, wird sich in diese ganz besondere Klosterkirche verlieben. Wichtigster verantwortlicher Künstler war übrigens Bernardino Luini (1480–1532), der sich bei manchen Arbeiten von seinen Söhnen unterstützen ließ.

In dem Kloster, an das die Kirche angeschlossen ist, wurde inzwischen das **Civico Museo Archeologico** (s. S. 66) untergebracht. Hobby-Archäologen werden ihre Freude an den ausgestellten Artefakten haben. Hauptsächlich handelt es sich um etruskische und römische Grabungsfunde, darunter schöne Mosaiken und Altäre. Außerdem gibt es Teile einer gleich hier vor Ort freigelegten römischen Mauer und die berühmte, fein verzierte Silberplatte „Patera d'argento di Parabiago" aus dem 4. Jahrhundert zu besichtigen. Kleine Abteilungen für griechische und „barbarische" Exponate und ein Turm voller Fresken im Museumsgarten runden den Besuch ab.

› Corso Magenta, 15, Tel. 02 88445208

27 Basilica di Sant'Ambrogio ★★★ [C5]

Zwei eindrucksvolle Glockentürme rahmen die Fassade des wichtigsten Bauwerks der lombardischen Romanik. Geweiht ist die Kirche Mailands Stadtpatron und „Superbischof" Ambrosius, der das Gotteshaus Ende des 4. Jahrhunderts errichten ließ und dessen letzte Ruhestätte sich auch hier befindet.

030ma Abb.: js

Altehrwürdig: die rote Basilika des heiligen Ambrosius

Die mehrmals erweiterte und umgestaltete Kirche gilt als eines der spirituellen Kraftzentren Mailands. Die Chorpartie stammt aus dem 9. Jahrhundert und der größte Teil des Hauptbaus aus dem 12. Jh. Die altchristliche Grundform der Anlage wurde allerdings beibehalten. Die beiden Kreuzgänge kamen im 15. Jh. dazu.

Zu dem Umstand, dass die Kirche gleich **zwei Glockentürme** hat, gibt es eine heute vielleicht kurios anmutende Geschichte: Da sich die feinen Domherren und die örtlichen Mönche nicht einigen konnten, wer die Glocken läuten darf, baute man eben zwei Türme, den **Campanile dei Canonici** für Erstere und den **Campanile dei Monaci** für Letztere.

Auch im **Innern** der Basilika gibt es einiges zu bestaunen: Der legendäre Goldschmied Volvinius schuf in der ersten Hälfte des 9. Jahrhunderts den eindrucksvoll verzierten **goldenen Altar** („Altare d'oro" oder „Paliotto d'oro") – ein Meisterwerk der karolingischen Goldschmiedekunst. Seine vergoldeten Silberreliefs zeigen biblische Szenen und solche aus dem Leben des heiligen Ambrosius. Der selbstbewusste Volvinius ist übrigens einer der ersten italienischen Künstler, der nach der Epoche der Klassik hier eine persönliche Unterschrift auf einem Werk hinterließ. Ein weiteres Highlight ist das große **Apsismosaik.**

Nichts für Zartbesaitete: In der frei zugänglichen **Krypta** ruhen die Gebeine des heiligen Ambrosius und die der Mailänder Märtyrer Gervasio und Protasio (beide wurden um 300 n. Chr. ermordet) nobel gewandet in einem gut einsehbaren gläsernen Sarkophag.

Der Eingang zum **Schatz des heiligen Ambrosius** (Tesoro di Sant'Ambrogio) mit der Grabkapelle San Vittore in Ciel d'oro (goldene Mosaiken aus dem 5. Jahrhundert und wertvolle Kultgeräte) befindet sich im Bereich des Südschiffs der Basilika. Der Tresoro di Sant'Ambrogio hat kürzere Öffnungszeiten.

Unmittelbar südöstlich der Basilika erhebt sich das Hauptgebäude der erst 1921 gegründeten **Katholischen Universität** (Università Cattolica). Architekturhistorisch Interessierte bestaunen hier Bauten, die teilweise viel älter sind, beispielsweise zwei von Bramante gestaltete Kreuzgänge. Die Studenten beleben die nähere Umgebung vor allem um die Mittagszeit. Vor allem preisbewußte Reisende werden sich über die auf junges Publikum zugeschnittenen Bars und Imbisse freuen.

Etwa auf halbem Weg zwischen der Basilica di Sant'Ambrogio und der Basilica di San Lorenzo Maggiore 29 kann auf der rechten Seite der breiten Via Edmondo de Amicis der **Parco dell'Anfiteatro Romano** besichtigt werden. Hier gibt es die Ausgrabungsstätte eines antiken Amphitheaters und auch einige kleinere Exponate zu sehen. Eine Oase der Ruhe in der ansonsten oft hektischen Innenstadt.

› **Basilica di Sant'Ambrogio,** Piazza Sant'Ambrogio, 15, Tel. 02 86450895, www.basilicasantambrogio.it, geöffnet: Mo–Sa 7.30–12.30 Uhr, 14.30–19 Uhr, So 7.30–13 Uhr, 15–20 Uhr, Rollstuhlfahrer benutzen den Eingang an der Via Lanzone, 30. Schatz des heiligen Ambrosius: tgl. 9.30–11.45 Uhr und 14.30–18 Uhr, Eintritt: 2 €, reduziert 1 €.

★7 [D6] **Parco dell'Anfiteatro Romano,** Via Edmondo de Amicis, 17, freier Eintritt, geöffnet: Di–Fr 9–16.30 Uhr, Sa 9–14 Uhr

Der heilige Ambrosius – Mailands spätantiker „Superbischof"

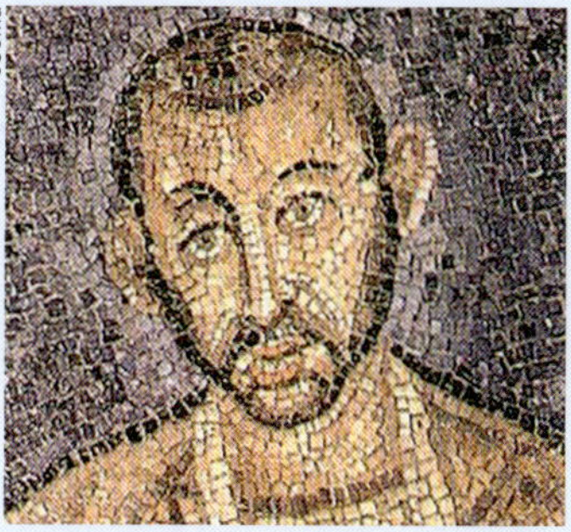
050ma

Um das Jahr 339 als Sohn eines vornehmen Römers in Trier (!) geboren, schlug der spätere Kirchenvater zunächst eine Beamtenlaufbahn ein. Standesgemäß ausgebildet, brachte er es um 372 zum Präfekten mit Dienstsitz Mailand. Bereits ein geachteter Politiker, wurde er 374 zum Bischof von Mailand gewählt. Die Legende will, dass der Ausruf eines Kindes während der Bischofswahl den Ausschlag zugunsten Ambrosius' gegeben haben soll. Zu diesem Zeitpunkt noch nicht einmal getauft, empfing er im Eilverfahren die Sakramente Taufe, Weihe zum Diakon, zum Priester und zum Bischof.

Unter seiner Führung gewann die Mailänder Kirche eine gewisse Eigenständigkeit gegenüber Rom - inklusive abweichender liturgischer Riten. Diese sind übrigens noch heute in Gebrauch.

Auf den ambrosianischen Ritus ist zum Beispiel zurückzuführen, dass der Mailänder Karneval bis zum Samstag nach Aschermittwoch dauert. Ambrosius trug außerdem entscheidend zur Entwicklung frühchristlicher Musik bei, etwa indem er den hymnischen Chorgesang förderte. Einige bis heute populäre Kirchenlieder soll er sogar selbst getextet und komponiert haben.

Ambrosius bekehrte den späteren Kirchenvater Augustinus zum Christentum und taufte ihn 387 höchstpersönlich. Der Überlieferung zufolge stimmte Ambrosius bei dieser Gelegenheit den Hymnus „Te Deum" an - und Augustinus antwortete im Stil eines Gesangduetts versweise darauf.

Auch dass 391 das Christentum zur alleinigen Staatsreligion im Römischen Reich erhoben wurde, soll maßgeblich auf Ambrosius' entsprechende Bemühungen zurückzuführen sein. Mit Andersdenkenden sprang Ambrosius nicht gerade zimperlich um und Häretikern ging es in seinem Machtbereich besonders schlecht.

Ambrosius starb 397 nach einem Episkopat von 23 Jahren. Seine sterblichen Überreste sind nach wie vor in der Krypta der Basilica di Sant'Ambrogio 27 zu besichtigen. Die Mailänder verehren ihn seit Jahrhunderten als ihren Stadtpatron und begehen seinen besonderen Festtag an jedem 7. Dezember - dem Tag seiner Weihe zum Bischof. Seit 1298 trägt er den Ehrentitel Kirchenvater. Eine Ehre, die außer ihm nur drei anderen berühmten Geistlichen zuteilwurde.

Bemerkenswert: Mit dem Ambrosius-Mosaik in der Kirche Sant'Ambrogio existiert eines der wenigen realistischen Porträts eines Klerikers der Antike. Das Mosaik zeigt einen Mann in den besten Jahren mit dunklen Haaren, sauber gestutztem Vollbart, markanten Ohrmuscheln, vollen Lippen und langem Nasenrücken. Auch die Fehlstellung eines Auges wird von dem Mosaik korrekt wiedergegeben (s. Abb. oben).

28 Museo Nazionale della Scienza e della Tecnologia Leonardo da Vinci ★★★ [B5]

Der unscheinbare Eingang zu Mailands berühmtem Wissenschafts- und Technikmuseum befindet sich an einem großen, zur Via San Vittore offenen Platz, dessen Stirnseite die Fassade der Kirche San Vittore al Corpo einnimmt.

Italiens größtes Museum dieser Art ist in einem ehemaligen Kloster aus dem 16. Jahrhundert untergebracht und gleich in doppelter Hinsicht sehenswert: Zum einen wegen der großen, seinem Namensgeber gewidmeten Abteilung (**Leonardo-da-Vinci-Galerie**): Technische und architektonische Modelle Leonardos wurden nach seinen Original-Zeichnungen gefertigt. Sie machen ein-

Leonardo da Vinci

*Geboren 1452, arbeitete **Leonardo da Vinci** im Laufe seiner höchst produktiven Karriere als Künstler- und Technikgenie unter anderem in Florenz, Rom und Paris. Gefördert durch die Sforza-Fürsten, war Mailand von 1482 bis 1499 seine wichtigste Wirkungsstätte. Folgen Sie seinen Spuren!*

- ***Basilica di Santa Maria delle Grazie* 24*: „Das letzte Abendmahl" – Leonardos mit Abstand berühmtestes Wandgemälde, außerdem Mitarbeit an den Fresken in der Sakristei. Zudem werden einige Bögen seines Codex Atlanticus ausgestellt.*
- ***La Vigna di Leonardo* 25*: Gleich gegenüber der Basilika besucht man einen hübschen Park mit einem Weingarten des Künstlers und die herrschaftliche Villa La Casa degli Atellani.*
- ***Museo Nazionale della Scienza e della Tecnologia Leonardo da Vinci* 28*: Das nach dem Genie benannte Wissenschafts- und Technikmuseum befasst sich auch mit den bahnbrechendsten Ideen Leonardos.*
- ***Museo Leonardo3 – Il mondo di Leonardo:** Sonderausstellung mit interaktiven Features (s. S. 19)*
- ***Pinacoteca Ambrosiana** (s. S. 24): Gemälde „Bildnis eines Musikers". Den jungen Unbekannten mit Partitur in der Hand porträtierte der Meister 1490. Die 1000 Bögen seines Codex Atlanticus begeistern in der Biblioteca Ambrosiana nebenan.*
- ***Castello Sforzesco* 19*: Im Auftrag der Sforza bemalte Leonardo die Sala delle Asse in der Art einer Eichenlaube.*
- *Als das Genie nach Mailand kam, war das Kanalnetz Navigli* 31 *schon ordentlich ausgebaut. Allerdings wirkte er an der Konstruktion und Optimierung von **Kanalschleusen** mit.*
- ***Piazza della Scala** [E4]: Leonardo-Statue. Die vier kleineren Statuen um ihn herum stellen Schüler dar.*
- ***Weitere Werke:** Entwurf des gigantischen, erst über fünf Jahrhunderte später realisierten Riesenrosses (s. Hippodrom* 35*). Leonardos berühmtestes Werk, die „Mona Lisa" (italienisch: „La Gioconda", wörtlich „die Heitere") hängt im Pariser Louvre, ebenso sein jugendlich-dynamischer Johannes der Täufer („San Giovanni Battista"), die Felsengrottenmadonna und das Bildnis „Anna selbdritt" („Anna Metterza").*

drucksvoll deutlich, wie weit das Universalgenie seiner Zeit voraus war. Die Maschinenmodellsammlung ist die größte ihrer Art überhaupt.

Zum anderen dokumentieren über 15.000 weitere Exponate die **technische Entwicklung vor und nach Leonardo:** Von den ersten Eisenwerkzeugen über Pumpen, Schreibmaschinen, Röhrenfernsehern und dem U-Boot Sottomarino Enrico Toti bis hin zu Hubschraubern und Solarzellen. So gibt es beispielsweise eine Physik-Abteilung mit Apparaturen von Galilei und Newton, aber auch Abteilungen für Optik, Metallverarbeitung und Zeitmessung.

Die interaktiven Labore sind nicht nur für Kinder ein lehrreiches Erlebnis! Der Ansatz des Museums ist also mit dem des Deutschen Museums in München vergleichbar, außerdem finden regelmäßig Sonderausstellungen zu aktuellen Themen statt. Seit der Eröffnung des Museums 1953 ist auch die **Kirche San Vittore al Corpo** unmittelbar daneben in den Fokus von Mailandbesuchern gerückt – trotz ihrer Entfernung zum *centro storico.*

Sie wurde im altchristlichen Stil erbaut und ab 1530 im Stil der Spätrenaissance erneuert. Die Barockausstattung in ihrem Innern lohnt einen spontanen Kurzbesuch.

› Via San Vittore, 21, Tel. 02 485551, www.museoscienza.org (Online-Tickets erhältlich), Highlights des Museums auch auf Deutsch beschrieben (PDF-Download), geöffnet: Di–Fr 9.30–17 Uhr, Sa, So und Feiertage 9.30–18.30 Uhr, geschlossen an Montagen, die keine Feiertage sind, außerdem am 24./25. Dezember und am 1. Januar, Eintritt 10 €, reduziert 7,50 €, Kinder bis 3 Jahre gratis, gelegentlich Sonderausstellungen, mit Kantine im Museum

Südwestlich des Zentrums

Mailands südwestliche Innenstadt besucht man wegen der beiden fantastischen Basiliken und der ganz besonderen Atmosphäre des weltberühmten Navigli-Viertels.

29 Basilica di San Lorenzo Maggiore ★★ [D6]

Vor allem in den Abendstunden ist nicht die Basilika das Highlight der Umgebung, sondern ihr spektakulärer Vorplatz. Bei schönem Wetter trifft sich allabendlich Mailands Jugend im Schatten von 16 antiken Kolossalsäulen zum Schwatzen und Flirten. Auch tagsüber wird es hier nie langweilig.

Die Basilika am Corso di Porta Ticinese vereint die **Baustile mehrerer Epochen:** im Kern eine mächtige frühchristliche Kirche aus dem 4. Jahrhundert, auf deren Grundmauern zu Beginn des 12. Jahrhunderts der romanische Nachfolgebau errichtet wurde. Die beeindruckende achteckige Kuppel ersetzte zur Zeit der Spätrenaissance um 1575 ihre weniger prächtige Vorgängerin. Vorhalle und Westfassade sind schöne Beispiele des Klassizismus des 19. Jahrhunderts.

Ältestes noch bestehendes Zeugnis spätantiker Baukunst ist die achteckige **Cappella di Sant'Aquilino** aus dem 4. Jahrhundert mit ihren prächtigen Mosaiken (Eintritt 2 €, reduziert 1 €). In die Ecken der **Cappella di San Ippolito** aus dem 6. Jahrhundert sind antike Säulen integriert.

Die hübsche **Bronzestatue,** die sich auf dem **Kirchenvorplatz** befindet, zeigt den römischen Kaiser Konstantin. Was aber hat es mit dem **Colonne di San Lorenzo** genannten Säulen-Portikus vor der Basilika auf sich? Tatsächlich handelt es sich um Überbleibsel eines antiken römischen Tempels oder Palastes, möglicherweise gehörten sie aber auch zu einer Thermenanlage. Sie wurden bereits im 4. Jahrhundert hierher versetzt und sollten eigentlich in den Eingangsbereich der Kirche integriert werden. Heute freuen sich junge und junggebliebene Mailänder darüber, dass es die 16 Säulen mit ihren wundervollen korinthischen Kapitellen in die Neuzeit geschafft haben. Denn als wohl bedeutendster Rest des „römischen" Mediolanum (s. S. 94) dürfen sie heute den pittoresken Hintergrund für einen der angesagten Treffpunkte weitab vom Trubel der Tagestouristen abgeben.

Unmittelbar hinter der Basilica di San Lorenzo Maggiore lädt zudem der **Parco delle Basiliche** (offiziell Parco Papa Giovanni Paolo II = Park Papst Johannes Paul II.) zum Durchatmen und Relaxen ein. Der längliche und ziemlich große Park verläuft parallel zum Corso di Porta Ticinese und verbindet die Basilica mit der etwa 500 Meter weiter südlich gelegenen Basilica di Sant'Eustorgio 30. Neben einigen eher unscheinbaren römischen Ruinen gibt es hier auch altehrwürdigen Baumbestand.

› **Basilica di San Lorenzo Maggiore,** Corso di Porta Ticinese, 39, Tel. 02 89404129, www.sanlorenzomaggiore.com

› *San Lorenzo Maggiore vereint mehrere historische Baustile*

30 Basilica di Sant'Eustorgio ★★ [D6]

Nur ein paar Gehminuten südlich der Basilica di San Lorenzo Maggiore 29 erhebt sich schon die nächste prächtige Kirche: Sant'Eustorgio, eine romanische Basilika aus dem 11. Jahrhundert mit einem eindrucksvollen Glockenturm aus dem Jahr 1300 und einer 1863 fertiggestellten Fassade.

Ähnlich wie San Lorenzo Maggiore geht auch diese Basilika auf einen Kirchenbau des 4. Jahrhunderts zurück. Im Jahr 349 wurde dort ihr Namensgeber, der griechischstämmige Bischof Eustorgios, beigesetzt.

Auf einer hohen Säule zwischen der Kirche und dem Corso di Porta Ticinese fällt eine **steinerne Statue** mit Messer im Schädel auf. Diese Figur ist keine mittelalterliche Allegorie auf heftige Kopfschmerzen, sondern stellt den heiligen **Petrus von Verona** (auch Petrus Martyr oder Petrus von Mailand) dar, einen 1252 ermordeten Dominikaner, Inquisitor und Märtyrer. Sein sehr groß geratenes marmornes Grab befindet sich in der Kirche.

Mit der Basilika ist noch ein weiterer **Kriminalfall** verbunden. Die Beute hatte dabei ein wahrhaft kaiserliches Ausmaß: Eine Legende aus dem 12. Jahrhundert berichtet, dass Bischof Eustorgios die **Gebeine der Heiligen Drei Könige** Mitte des 4. Jahrhunderts als Geschenk erhalten und mithilfe eines Ochsenkarrens nach Mailand gebracht haben soll. Im Jahr 1158 nutzte dann Kaiser Friedrich Barbarossa die Belagerung Mailands, um die hochheiligen Reliquien aus der seinerzeit außerhalb der Stadtmauern gelegenen Basilika zu stibitzen und dem Erzbischof von Köln zu schenken. Sechs Jahre

031ma Abb.: fo © frenk58

später trafen die Knochen am Rhein ein und werden dort bis heute im Kölner Dom verehrt. Versöhnliche Geste: 1903 wurde ein kleiner Teil der Beute an die Basilica di Sant'Eustorgio zurückgegeben.

In Erinnerung an die Heiligen Drei Könige ist die **Spitze des Glockenturms** übrigens bis heute nicht wie weltweit üblich mit einem Kreuz, sondern mit einem Stern geschmückt – als konsequente Reminiszenz an den Stern, dem die drei so beharrlich folgten. Im Innenraum der Basilika erinnern **Fresken** an ihre Taten zu Lebzeiten und das Schicksal ihrer nach Mailand überführten Reliquien.

Unmittelbar südlich der Basilika kann man bunten Graffitis zu einer Art Jugendzentrum folgen. Hier geht es vor allem am Wochenende hoch her. Wer in **Mailands Autonomen- und Jugendkultur** eintauchen möchte, ist hier genau richtig.

› Piazza Sant'Eustorgio, 1, Tel. 02 58101583, www.santeustorgio.it

EXTRATIPP

Rauschebärte stutzen lassen

Seit etwa 2014 haben im Navigli-Viertel 31 und seiner näheren Umgebung eine Reihe von hippen Läden im konsequent durchgehaltenen Vintage-Schick eröffnet. Einer davon ist Marios Friseur- und Kosmetikgeschäft. Spezialität ist das Stutzen und Pflegen von Hipster-Vollbärten und -frisuren. Wer mit imposanter Bart-Tracht gesegnet ist oder mal bei der fachgerechten Behandlung einer solchen zusehen möchte – nichts wie hin:

8 [C7] **Mario's Barber Shop,** Alzaia Naviglio Grande, 34, Tel. 02 58111796, www.facebook.com/barbermarios (mit einer Unmenge Bart-Fotos und Herrenfrisuren), Di/Mi, Fr 9.30–19.30, Do 11–21 (Mai–Okt 12–22 Uhr), Sa 9.30–18 und Mai–Okt So zusätzlich 12–20 Uhr

063ma Abb.: js

31 Navigli-Viertel ★★★ [C7]

Wo einst Kanalschiffer und einfache Handwerker ihrem Tagewerk nachgingen, hat sich Mailands derzeit trendigstes Szene- und Amüsierviertel etabliert: Bars, Klubs, Ateliers, originelle Boutiquen und kleine Restaurants, von denen viele schon lange keine Geheimtipps mehr sind, prägen die Atmosphäre in der Umgebung des Naviglio Grande (Großer Kanal) und des Naviglio Pavese. Letzterer verbindet Mailand über Pavia mit dem Po.

Die vielen kleinen Musikkneipen prägen das rege Nachtleben des Navigli-Viertels. Regelmäßig finden entlang dem Naviglio Grande und in seiner Umgebung **Antiquitäten- und Trödelmärkte** statt. Im Sommer sorgen außerdem **Freiluftkonzerte** für Gedränge – vor allem an den Wochenenden. Auch **Nachtschwärmer** schätzen die ganz besondere Atmosphäre des Viertels. Viele Tagesbesucher leisten sich zudem eine **Bootstour** (siehe Navigli Lombardi, S. 51).

Dass es überhaupt ein Kanalviertel gibt, hat nicht zuletzt mit dem **Dombau** zu tun: Als Stadt ohne Fluss stand Mailand vor der logistischen Herausforderung, die Unmengen an Marmor und anderem Material möglichst zeit- und kostensparend zur Baustelle zu schaffen. Und so erweiterten die pfiffigen Mailänder ihr schon bestehendes **Kanalsystem.** In seiner Blütezeit verband dieses die Stadt über die Flüsse Ticino, Adda mit den oberitalienischen Seen und über den Po sogar mit der Adria.

Die Grundzüge des Kanalnetzes sind wesentlich älter als der Dom und sollen bereits um 1200 angelegt worden sein. Im Hochmittelalter und in der frühen Neuzeit hatten die künstlichen Wasserstraßen dann großen Anteil daran, dass Mailands Bedeutung als Wirtschafts- und Kulturmetropole ständig stieg.

Übrigens soll auch Leonardo da Vinci an der Konstruktion verbesserter Schleusen beteiligt gewesen sein. Heute noch erhalten sind der Naviglio Grande (50 km Länge), der Naviglio Pavese (35 km) und der Naviglio della Martesana (38 km).

Zu Fuß durchs Navigli-Viertel

EXTRATIPPS

Flohmarkt am Wasser

Der größte und traditionsreichste Flohmarkt im Navigli-Viertel findet außer im Juli und August jeden letzten Sonntag im Monat entlang dem Naviglio Grande zwischen der Viale Gorizia und der Brücke Ponte Valenza statt: Auf 2 km Länge bieten hier Hunderte von Händlern Antiquitäten und Trödel aller Art an. Wer Schnäppchen machen möchte, kommt schon frühmorgens zum Sonnenaufgang.

9 [C7] **Flohmarkt im Navigli-Viertel**

Abstecher ins Tortona-Viertel

Fashion-Fans, denen das Quadrilatero d'oro 14 zu mondän und überlaufen ist, könnten sich für die trendige **Zona Tortona** westlich des Regionalbahnhofs Stazione Porta Genova interessieren. Zwischen Naviglio Grande und Parco Solari haben sich entlang der Via Savona [A7–B6] und ihrer Querstraßen aufstrebende Designer, neue Labels und dazu hippe Gastronomen niedergelassen. Seit 2015 lockt außerdem das Fashion-Museum Armani/Silos (s. S. 66). Im nahen Parco Solari findet man im populären Schwimmbad Piscina Solari zuverlässig Abkühlung (Tel. 02 4695278, täglich bereits frühmorgens geöffnet).

•10 [C7] **Navigli Lombardi,** Alzaia Naviglio Grande, 4, Tel. 02 6679131, www.naviglilombardi.it, Bootstour 12 €, reduziert 10 €, diverse Specials, Achtung: grundsätzlich nur April bis Oktober

Tipp: Statt im Navigli-Viertel ein bestimmtes Lokal anzusteuern, ist es vor allem abends eine lohnende Idee, sich einfach ein bisschen durch die Gegend treiben zu lassen und einzukehren, wo gerade Happy Hour ist oder es einem aus anderen Gründen gefällt. Traditionsreich und empfehlenswert:

11 [C7] **Brellin** €€, Alzaia Naviglio Grande, Tel. 02 58101351, www.brellin.com. Das Restaurant ist an einer belebten Stelle in einer ehemaligen Wäscherei am Kanal untergebracht und verteilt sich dort auf zwei Stockwerke. Bei schönem Wetter sind die wenigen Tischchen direkt an der Kanalpromenade heiß begehrt. In Sachen Speis und Trank kann man hier wenig verkehrt machen. Im Winter ist die traditionell zubereitete *cassoela* immer eine gute Wahl.

12 [C7] **Roxanne,** Via Scoglio di Quarto, Ecke Via Asciano Sforza, Tel. 338 7889407. Mi, Fr und Sa darf und soll das Tanzbein geschwungen werden – vorzugsweise zu Latino-Klängen, z. B. am „verrückten Mittwoch“ *(miercoles de locura).*

Entdeckungen außerhalb der Innenstadt

32 Stazione Centrale ★ [eh]

Mailands Hauptbahnhof, ein prunkvoller hoher Bau mit reicher Marmorverkleidung, wurde 1931 als einer der größten **Kopfbahnhöfe** Europas eröffnet. An der Gestaltung der Außenfassade und der Innenausstattung scheiden sich die Geister: Viele empfinden den Mix aus Jugendstilelementen und Monumental-Klassizismus als zu viel des Guten. Was immer man von seinem äußeren Erscheinungsbild halten mag – für die Stadt und ganz Oberitalien ist er **einer der wichtigsten Verkehrsknotenpunkte.**

In der Abfahrtshalle auf der ersten Etage, aber auch im Stockwerk darunter gibt es viele Geschäfte, eine Apotheke, eine Postfiliale u. v. m. Website mit Lageplan aller Ebenen: www.milanocentrale.it.

EXTRATIPP

Pirelli-Hochhaus

Das sich südwestlich des Hauptbahnhofs 32 befindende, 32-stöckige Pirelli-Hochhaus an der Piazza Duca d'Aosta wurde 1958 fertiggestellt und ist aufgrund seiner Höhe von 127 Metern nicht zu übersehen. Bei seiner Einweihung war das Hochhaus – nach dem Eiffelturm – das zweithöchste Gebäude Europas. Mailand-typisches Detail zur Fertigstellung: Da das auch „Pirellone" genannte Gebäude das erste in der Stadt überhaupt war, das die **Madonnina** ganz oben auf dem Dom 1 überragte, legten die Mailänder Wert darauf, dass auf dem Dach des Pirelli-Hochhauses eine kleine Replik der Gottesmutterstatue platziert wurde – so blieb sie wenigstens bis zur Errichtung noch höherer Wolkenkratzer der höchste Punkt der Stadt. Außerdem spendete die namensgebende Firma einen Betrag für den Erhalt der Original-Madonnina.

★13 [eh] **Pirelli-Hochhaus**, Piazza Duca d'Aosta

33 Cimitero Monumentale ★★ [dh]

Mailand leistet sich mit seinem „Monumental-Friedhof" eine Totenstadt der Superlative: Reich an herrlichen Marmordenkmälern gilt sie als prunkvollste Gräberanlage Italiens. Noch im Tod wetteifern die hier bestatteten illustren Mailänder Dynastien bezüglich Prunk und Pracht.

Angelegt wurde der Riesenfriedhof 1866 vor dem noch heute existierenden Stadttor Porta Volta. Er liegt damit einen knappen Kilometer nördlich des Parco Sempione 20. Die weitläufige, von einer massiven Mauer umgebene Anlage gilt als eine Art **Freiluftmuseum der Stadtgeschichte.**

Tempel, Türmchen, Mausoleen, Oktogone, Obelisken, kleine Rundkirchen, vor allem aber Engel, Heilige und andere Skulpturen jeder Größe schmücken die Gräber des wohlhabenden Mailänder Bürgertums – denn nur reiche Bewohner der Metropole können es sich leisten, ihre Angehörigen auf dem Cimitero begraben zu lassen. Ihre Grabstätten spiegeln den Geschmack der jeweiligen Zeit wider.

Im sogenannten **Famedio** (Ruhmeshalle) liegen Prominente bestattet. Der Schriftsteller Alessandro Manzoni ist der international wohl bekannteste unter ihnen. Sein steinerner, 1883 hierher verlegter Sarg ist für viele Friedhofstouristen die Hauptattraktion ihres Besuchs. Ein weiterer prominenter Bewohner der Ruhmeshalle ist der Patriot und Philosoph Carlo Cattaneo (1801–1869).

Auch die **Grabanlagen** der Familien Branca, Campari, Olivetti, Toscanini und Motta sind sehenswert. Letztere waren als Kuchenbäcker reich geworden und erinnern an diesen Umstand mit einer Art riesigem Granit-Gugelhupf bei ihrer Gruft auf dem Planquadrat „Riparto XVIII Spazio B". Die zylindrische Skulptur kann seitlich eingesehen werden. In ihrem Innern stehen auf drei Etagen bronzene Statuen. Weitere prominente „Bewohner" sind der Pianist Vladimir Horowitz (1903–1989) und Giuseppe Meazza (1910–1979), Namensgeber des Giuseppe-Meazza-Stadions 34. Regelmäßig werden thematische Führungen durch die Totenstadt angeboten.

› Piazzale Cimitero Monumentale, Tel. 02 88445706, www.comune.milano.it, Eintritt frei, geöffnet: Di–So 8–18 Uhr (Oktober–März verkürzt), 1. Januar, Ostersonn-/-montag, 1. Mai, 2. Juni, 15. August, 8., 25. und 26. Dezember nur bis 13 Uhr geöffnet, Eintritt bis 30 Minuten vor Torschluss

San Siro

Nach San Siro kommen Besucher Mailands wegen des berühmten Fußballstadions und wegen des Hippodroms. Die Galopprennbahn überrascht mit einer Riesenskulptur, die man hier nicht erwarten würde!

34 Stadion San Siro (Giuseppe-Meazza-Stadion) ★★ [ah]

Mailands riesiges Fußballstadion heißt nach einem einst sehr populären heimischen Kicker seit 1980 offiziell **Stadio Calcistico Giuseppe Meazza.** Mit dem A.C. und Inter ist die Stadt gleich durch zwei Topklubs in der ersten italienischen Liga, der Serie A, vertreten.

Nach **Rekordbauzeit** mit einem Freundschaftsspiel zwischen den beiden Vereinen 1926 eingeweiht und für die Weltmeisterschaft 1990 komplett überdacht, fasst das Stadion derzeit über 80.000 *tifosi*, also fußballbegeisterte Schlachtenbummler. Diese bezeichnen ihr Stadion übrigens stets nach dem Stadtteil und nie mit dem offiziellen Namen. Vor allem sportliche Gegner finden, dass der Bau eher wie ein Parkhaus als wie eine Kathedrale des Fußballs aussehe...

Tickets für die häufig ausverkauften Spiele gibt es über die Fanklubs, Spezialanbieter oder direkt beim Stadion. Geldwerter **Tipp:** Man meide die *bagarini* genannten **Schwarzhändler,** die sich vor dem Stadion tummeln. Im günstigsten Fall erleichtern sie mit ihren Wucherpreisen die Reisekasse über Gebühr, im schlimmsten Fall erhält man gefälschte Tickets.

Wenn nicht gerade ein Spiel läuft, **kann das Stadion besichtigt werden.** Die Anlage beherbergt außerdem Fanshops, Restaurants und ein **Museum,** in dem sich Besucher über die ruhmreiche Geschichte der beiden Mailänder Vereine informieren können.

› Piazzale Angelo Moratti, Tel. 02 4042432 (Museum und Tour), www.sansiro.net, Eintritt Museum und Tour: 17 €, reduziert 12 €, Kinder unter 6 Jahren gratis, Eintritt Museum ohne Tour (nur wenn keine Tour stattfindet): 7 €, reduziert 5 €, Kinder unter 6 Jahren gratis, geöffnet: tgl. 9.30–17 Uhr (30.3.–25.10. 10–18 Uhr). Achtung: An Spieltagen gelten geänderte Öffnungszeiten.

> EXTRAINFO
> **Mailands Chinatown**
> Die ersten chinesischen Familien siedelten sich in den 1920er-Jahren in der Gegend zwischen Parco Sempione 20 und Cimitero Monumentale 33, also **im Nordwesten der Innenstadt** an. Dort vor allem im Bereich der Straßen Via Donato Bramante und Via Paolo Sarpi. Dass sie sich in „Chinatown" befinden, merken Reisende vor allem an den **Shops** und **Imbissen** mit asiatischen Waren bzw. Speisen.

35 Hippodrom ★ [ah]

Nicht nur Pferdesportfreunde suchen Mailands **Galopprennbahn** auf, sondern auch Fans von **Leonardo da Vinci.** Das Genie hatte Ende des 15. Jahrhunderts nämlich eine gewaltige **Pferdeskulptur** entworfen. Wie viele andere seiner Pläne wurde das Pro-

Zwei Erzrivalen gehen sich ans Leder

*Der **Football Club Internazionale Milano** (kurz Inter) und der **Associazione Calcio Milan** (kurz A.C. Milan oder nur Milan) gehören zu den erfolgreichsten Vereinen der Welt. Ein Highlight in der italienischen Spitzenliga Serie A ist das pro Saison logischerweise zweimal stattfindende Stadtderby der beiden Vereine. Die örtlichen „tifosi" nennen diese weltweit beachteten Matches nach der goldenen Muttergottes hoch über dem Domdach (s. S. 16) auch **Derby della Madonnina.** Ihren ganz besonderen Reiz beziehen diese Aufeinandertreffen daraus, dass Inter historisch aus dem älteren A.C. Milan hervorgegangen ist, die Vereine sich das Stadion teilen und beide national und international seit Jahrzehnten ähnlich erfolgreich sind. Mailand ist stolz darauf, als einzige Stadt zwei Champions-League-Sieger vorweisen zu können.*

*Die Spieler des A.C. laufen in Rot-Schwarz gestreiften Trikots auf und werden daher **Rossoneri** (Rot-Schwarze) genannt. Dazu tragen sie weiße Hosen und schwarze Stutzen. Das Vereinswappen kombiniert die Farben des Vereins und die der Stadt Mailand, zeigt das Akronym ACM im oberen Teil und das Gründungsjahr 1899 im unteren.*

051ma Abb.: dt © Valentino Visentini

*Die bekanntesten **Milan-Fangruppierungen** nehmen traditionell den Unterrang der Curva Sud des Stadions in Beschlag. Eines der Lieder der **milanisti** ist die Mailänder Hymne „O mia bela Madunina" („Oh meine schöne Madonnina") mit dem Refrain „ma Milan è un gran Milan" („aber Mailand ist ein großes Mailand").*

*Mit ihren Fangesängen sorgen sie für die Untermalung der Matches, vor allem natürlich, wenn es gegen den 1908 gegründeten Erz- und Lokalrivalen **Inter Mailand** geht. Dessen heißblütigste Anhängerschaft lärmt dann von der Curva Nord aus tüchtig dagegen. Sie nennen sich **interisti** bzw. **Nerazzurri** (die Schwarz-Blauen), denn Schwarz und Blau sind die Vereinsfarben Inters. Entsprechend längsgestreift sind die Trikots der Spieler, dazu schwarze Hosen und schwarze Stutzen.*

Inter Mailand ist der einzige Fußballklub, der nie aus der Serie A abgestiegen ist. Die seit Jahrzehnten gepflegte sportliche Rivalität zur Nachbarstadt im Piemont erreicht stets Höhepunkte, wenn es im (inoffiziellen) Derby d'Italia gegen Juventus Turin geht. Die offizielle Vereinshymne der Nerazzurri ist „C'è solo l'Inter" („Es gibt nur Inter").

*Mailänder **Titelgewinne** werden auf der Piazza del Duomo gefeiert – Begeisterung und Ausgelassenheit kennen dann kein Halten.*

- *Websites der beiden Klubs (inkl. Ticketshop): www.acmilan.com und www.inter.it*
- *„**Calcio: Die Italiener und ihr Fußball**", Birgit Schönau, 224 Seiten, KiWi, 2005. In dem Taschenbuch kommen Infos über die beiden Mailänder Spitzenklubs nicht zu kurz.*

jekt nie realisiert. Ein halbes Jahrtausend später machte sich ein Amerikaner darum verdient, genug Spenden zu sammeln, um das Riesenross in Bronze gießen zu lassen. In den USA gefertigt, kam es 1999 in sieben Einzelteilen in Mailand an. Nach hitzigen Debatten erhielt die über 7 Meter hohe Skulptur ihren jetzigen Standort im Hippodrom.

› **Ippodromo,** Via Ippodromo, 100, Tel. 02 482161, www.ippodromomilano.it, Eintritt: ab 6 €, Öffnungszeiten: Mo–Fr 8–21 Uhr, Sa 9–17.30, So geschlossen

36 Idroscalo – Mailänder Beachlife ★

Im Sommer ist an Mailands **künstlichem Badesee** östlich der Innenstadt immer etwas los: In den 1920er-Jahren als Landeplatz für Wasserflugzeuge angelegt, dienen der längliche See und seine Umgebung heute als quasi-maritimes Bade- und Freizeitparadies.

Nicht weit vom Aeroporto di Milano-Linate locken rund um den „Wasserflughafen" (wörtliche Überstzung von „Idroscalo") sommernächtliche **Beachklubs, Strandbars, Open-Air-Konzerte** und andere **Vergnügungen** für Groß und Klein. Natürlich lädt der Idroscalo auch zu **Wassersport** aller Art ein. Kajak, Surfen, Segeln, Wasserski – alles kein Problem. Und Mailands erstes Ruderrennen wurde hier schon in den 1930er-Jahren abgehalten. Kioske, Restaurants, Reitmöglichkeiten und Verleihstellen für Sonnenschirme, Liegen und vieles andere mehr runden das Freizeitangebot ab. Mit dem Mini-Zug **Trenino** umrundet man den See an Wochenenden und Feiertagen für kleines Geld.

Nahe der Nordwestecke des Gewässers schließt sich ein für Familienausflüge konzipierter kirmesartiger Freizeitpark namens **Europark Idroscalo Milano** (früher Lunaeuropark) an. Im Sommer öffnet er fast täglich seine Pforten, an den Wochentagen allerdings meist erst abends.

EXTRATIPP

Ausflugsziele

Viele lohnende Ausflugsziele sind von Mailand aus schnell und bequem zu erreichen – auch und gerade mit öffentlichen Verkehrsmitteln: beispielsweise kleinere und damit auch gemütlichere Städte wie etwa **Pavia** (historisches Zentrum mit Dom und anderen spektakulären Sakralbauten), **Vigevano** mit seiner wundervollen Piazza Ducale aus der Renaissance-Zeit oder **Monza** (mit Dom und Königlicher Villa). In Letzterem wird auch jeden September der **Große Preis von Italien** ausgetragen. An manchen rennfreien Tagen können PS-Fans gegen einen Obolus mit ihren eigenen Fahrzeugen im Kreis fahren (Infos: www.monzanet.it, mit Kartenvorverkauf für die Formel 1).

Wer sich etwas länger in Mailand aufhält und dem Trubel der Großstadt einmal entfliehen möchte, kann auch über einen Abstecher an einen der oberitalienischen Seen nachdenken. Es locken unter anderem der **Lago Maggiore** und der **Comer See.** Selbst nach Desenzano-Sirmione am **Gardasee** braucht der Zug nur eine Stunde – über dieselbe Bahnlinie gelangt man übrigens auch weiter nach **Verona** (weitere 20 Minuten) und **Venedig** (weitere 90 Minuten). Bei Bahnreisen nicht vergessen, die Fahrkarte vor Antritt der Fahrt an den gelben Automaten im Bahnhof zu entwerten! Wer nicht daran denkt, riskiert eine Strafe.

Der Idroscalo und seine nähere Umgebung sind regelmäßig Austragungsorte der unterschiedlichsten Events – mit und ohne Bezug zum Wassersport.

› www.idroscalo.info (deutsche Version mit eigenwilliger Übersetzungssoftware erstellt), Eintritt frei, reguläre Öffnungszeiten des Geländes 8–21 Uhr (Sommer) bzw. 8–17 Uhr (Winter), bei besonderen Veranstaltungen wesentlich länger. Der Stadtbus 73 fährt an Werktagen tagsüber alle 20 Minuten von der Haltestelle Corso Europa unweit der M1-Metrostation San Babila zum See. An der Westseite des Sees steht Gratis-WLAN zur Verfügung.

★14 **Europark Idroscalo Milano,** Via Togliatti 4, Tel. 02 70201039, www.europarkmilano.com, Eintritt ab 12 €, geöffnet: April–Oktober, die Öffnungszeiten variieren stark und sind an Samstagen im Sommer am ausgedehntesten: 14.30–2.30 Uhr

37 Bergamo ★★★ [S. 58]

Für einen Besuch Bergamos sprechen viele gute Gründe: Die Stadt an sich ist schon eine Reise wert. Sie bietet außerdem Zugang zu Wandertouren und anderen alpinen Aktivitäten. Die niedrigeren Übernachtungskosten und der sehr preiswerte Transfer nach Mailand machen Bergamo auch zum idealen Stützpunkt für ein kostengünstigeres und entspannteres Erleben der lombardischen Metropole.

Von Mailand aus betrachtet, ist Bergamo das **Tor zur Alpenwelt Italiens** – jedenfalls dasjenige, das am schnellsten erreicht werden kann. Dabei ist die Hauptstadt der gleichnamigen Provinz genau genommen nicht nur eine Ortschaft, sondern besteht gleich aus zweien: der hochgelegenen historischen **Città Alta** und der modernen Unterstadt **Bergamo Bassa.**

Zwischen den beiden Stadtteilen fährt tagsüber alle paar Minuten der **Bus** der Linie 1. Origineller ist es allerdings, die gute alte **Standseilbahn** *(funicolare)* zu nehmen.

Am besten erschließt man sich die malerische Città Alta bei einem gemütlichen Spaziergang (Laufzeit ca. 2 Stunden):

Bummel durch Bergamos Altstadt

Der Weg ist das Ziel! Höhepunkte des empfohlenen Spaziergangs durch Bergamos **pittoreske Oberstadt** sind nicht nur die einzelnen kurz vorgestellten Sehenswürdigkeiten, sondern auch und gerade das epochenübergreifende **Ensemble wunderschöner Stadthäuser.** Denn entlang der hin und wieder etwas steilen Route werden sich Architekturfreunde an den vielen Baudenkmälern gar nicht sattsehen können.

Los geht es in der Città Bassa! Die **Talstation der Standseilbahn** (*funicolare,* s. S. 63) befindet sich etwa dort, wo die Via Antonio Locatelli auf die langgezogene Kurve der Viale Vittorio Emanuele II trifft. Während der preisgünstigen Fahrt hinauf zur Città Alta wird auch ein Tunnel durch die venezianische Stadtmauer passiert. Außerdem genießen die Fahrgäste den **herrlichen Blick** über den Flughafen Bergamo-Orio al Serio hinweg in die Po-Ebene. Kleiner Vorgriff: Später wird es noch höher hinaufgehen.

Oben in der **Città Alta** angekommen, widersteht man (zunächst) der Verlockung, in dem kleinen, in die

033ma Abb.: fo © paolo ardiani

Bergstation integrierten Café einen Drink oder Imbiss einzunehmen und begibt sich auf der schmalen, aber schmuck gepflasterten Via Gombito schnurstracks zum Herzen der Altstadt, der mittelalterlichen **Piazza Vecchia.**

Für viele ist Bergamos „Alter Platz" einer der schönsten ganz Norditaliens. Architektonische Highlights sind der **Palazzo della Ragione** und der eckige **Glockenturm** (Torre del Campanone). In der Mitte des Platzes fällt der kleine, mit steinernen Löwen und Fabelwesen geschmückte **Brunnen** ins Auge.

Von hier sind es durch die steinernen Bögen an der Südseite des Platzes nur ein paar Schritte zur **Piazza Duomo** mit dem im 17. Jahrhundert errichteten **Dom**, berühmt für seine aufwendige Marmorfront. Das Innere des Gotteshauses lockt mit Goldverzierungen und wertvollen Gemälden. Gleich nebenan steht die unvollendete romanische **Basilika Santa Maria Maggiore** aus dem 12. Jahrhundert – unvollendet, weil Westfassade und Langhaus fehlen. Auch in ihrem Innern erfreuen Stuck, Goldarbeiten und Gemälde das Auge kirchenkunstsinniger Betrachter. Hinzu kommen Wandteppiche aus verschiedenen Epochen.

Unmittelbar neben der unfertigen Basilika leistet sich die **Cappella Colleoni** eine prächtige, aus weißen, schwarzen und roten Marmorsteinen in Rautenform zusammengesetzte Renaissance-Fassade.

Mit ihren verspielten Verzierungen gilt sie als Musterbeispiel lombardischer Schmuckfreudigkeit. Der namensgebende Bartolomeo Colleoni ließ sie Mitte der 1470er-Jahre als Grabkapelle errichten. Bemerkenswerte Sehenswürdigkeiten im Innern sind die Gräber des berühmten Söldnerführers und seiner Tochter Medea.

Entlang der Via Arena geht es zum **Museo Donizettiano.** Das Museum ist dem 1797 in Bergamo geborenen Komponisten Gaetano Donizetti gewidmet. Nächster Programmpunkt könnte der Torre di Adalberto sein,

Mächtige Mauern schützen Bergamos Altstadt

Bergamo

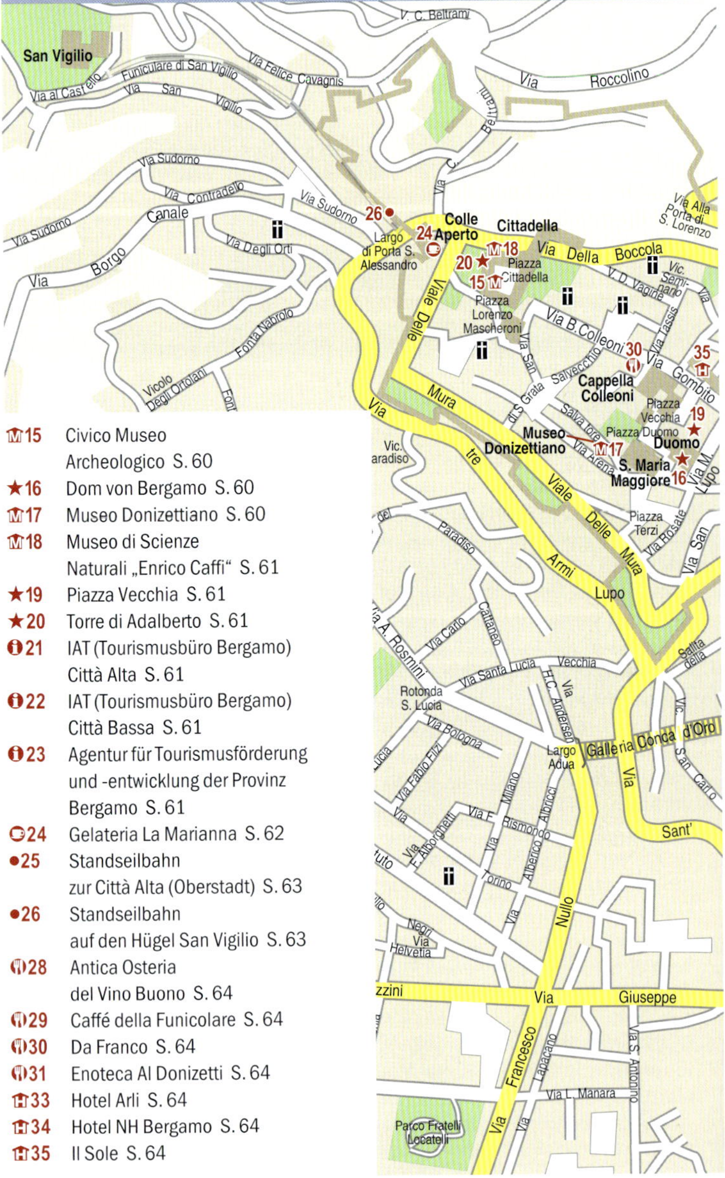

- 🏛15 Civico Museo Archeologico S. 60
- ★16 Dom von Bergamo S. 60
- 🏛17 Museo Donizettiano S. 60
- 🏛18 Museo di Scienze Naturali „Enrico Caffi“ S. 61
- ★19 Piazza Vecchia S. 61
- ★20 Torre di Adalberto S. 61
- ℹ21 IAT (Tourismusbüro Bergamo) Città Alta S. 61
- ℹ22 IAT (Tourismusbüro Bergamo) Città Bassa S. 61
- ℹ23 Agentur für Tourismusförderung und -entwicklung der Provinz Bergamo S. 61
- ☕24 Gelateria La Marianna S. 62
- •25 Standseilbahn zur Città Alta (Oberstadt) S. 63
- •26 Standseilbahn auf den Hügel San Vigilio S. 63
- 🍴28 Antica Osteria del Vino Buono S. 64
- 🍴29 Caffé della Funicolare S. 64
- 🍴30 Da Franco S. 64
- 🍴31 Enoteca Al Donizetti S. 64
- 🏨33 Hotel Arli S. 64
- 🏨34 Hotel NH Bergamo S. 64
- 🏨35 Il Sole S. 64

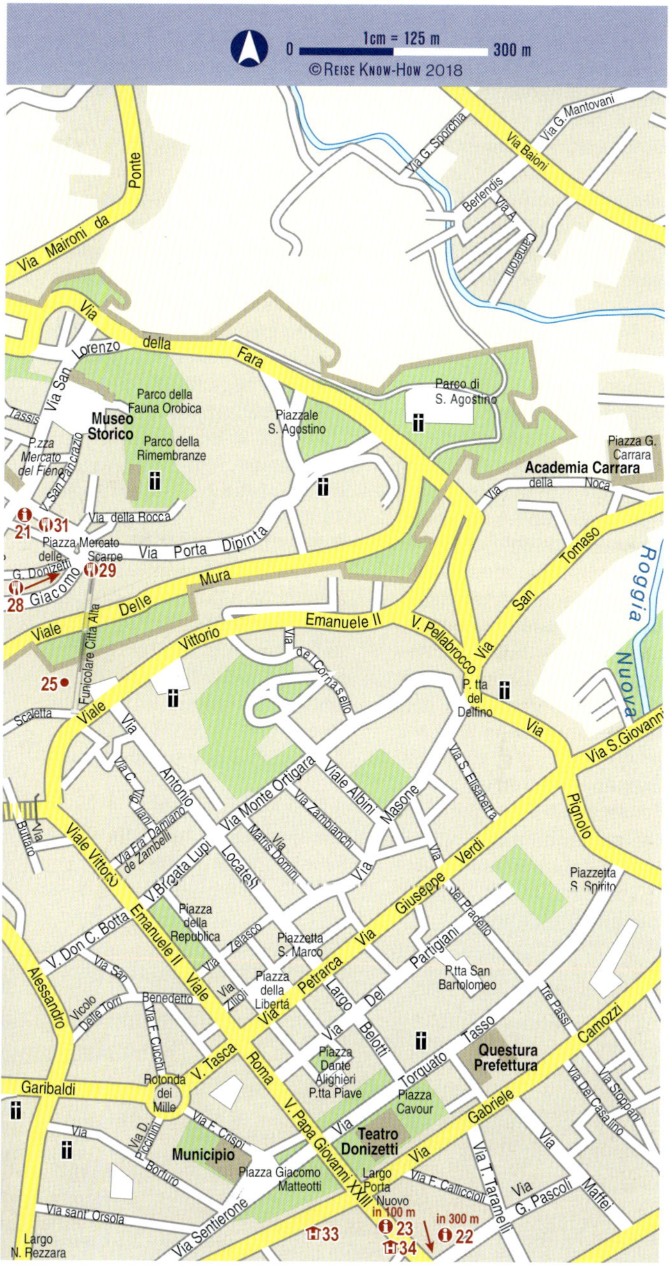

1cm = 125 m
0
300 m
©Reise Know-How 2018
Via Maironi da Ponte
Via G. Sporchia
Via G. Mantovani
Via Baioni
Berlendis
Via A. Cantelmi
Via della Fara
Via San Lorenzo
Parco della Fauna Orobica
Museo Storico
Parco della Rimembranze
Piazzale S. Agostino
Parco di S. Agostino
Piazza G. Carrara
Academia Carrara
Via della Noca
Tassis
P.zza Mercato del Fieno
V. San Pancrazio
Via della Rocca
21
31
Piazza Mercato delle Scarpe
Via Porta Dipinta
G. Donizetti
29
28
Giacomo
Viale Delle Mura
Funicolare Città Alta
Via San Tomaso
Roggia Nuova
Emanuele II
Vittorio
V. Pellabrocco
25
Via dei Cornasello
P. tta del Delfino
Via S.Giovanni
Scaletta
Viale
Via Antonio Locatelli
Via C. Vigliani
Via Monte Ortigara
Via Zambianchi
Viale Albini
Via Masone
Via S. Elisabetta
Via Pignolo
Via Buttaro
Via Fra Damiano de Zambelli
Via Matris Domini
Via
Via Giuseppe Verdi
Viale Vittorio Emanuele II
V.Brigata Lupi
Via Del Pradello
Piazzetta S. Spirito
Piazza della Repubblica
Via Zelasco
Piazzetta S. Marco
Via Petrarca
V. Don C. Botta
Via San Benedetto
Via Zilioli
Piazza della Libertà
Largo Belotti
Via Del Partigiani
P.tta San Bartolomeo
Alessandro
Vicolo Delle Torri
Via F. Cucchi
Tre Passi
Via Tasso
Camozzi
Via Torquato
Questura Prefettura
Piazza Dante Alighieri
P.tta Piave
V. Tasca
Roma
Piazza Cavour
Garibaldi
Rotonda dei Mille
Via Del Casalino
Via Stoppani
Via F. Crispi
V. Papa Giovanni XXIII
Via
Teatro Donizetti
Via Gabriele
Via D. Piccinini
Via Borfuro
Municipio
Piazza Giacomo Matteotti
Largo Porta Nuovo
Via F. Calliccioli
Via T. Taramelli
Via G. Pascoli
Via Maffei
Via sant' Orsola
Via Sentierone
in 100 m
23
34
33
in 300 m
22
Largo N. Rezzara

Überbleibsel der örtlichen Cittadella. Gleich daneben sind heute das Archäologische (**Civico Museo Archeologico**) und das Naturwissenschaftliche Museum (**Museo di Scienze Naturali „Enrico Caffi"**) untergebracht.

Am Colle Aperto genießen Spaziergänger das Panorama und außerdem vielleicht ein Stracciatella-Eis, denn dessen Rezeptur soll in den 1950er-Jahren just hier in der **Gelateria La Marianna** (s.S. 62) entwickelt worden sein. Preisbewusste Reisende sehen sich die Karte an, bevor sie sich setzen – oder nehmen eine Portion Stracciatella zum Mitnehmen.

Nicht nur topografisches Highlight des Spaziergangs ist der Hügel **San Vigilio**, auf den man von der nahen Station mit einer zweiten Standseilbahn schwebt (s.S. 63). Dort warten eine bombastische Aussicht und die Überreste des alten Schlosses **Castello di San Vigilio** (Öffnungszeiten des Geländes: 8–21 Uhr, im Winterhalbjahr 9–17 Uhr). Man befindet sich hier fast 500 Meter über dem Meeresspiegel – und damit 250 Meter höher als am Ausgangspunkt der Tour – Bergamos Città Bassa.

Wer sich für den Bummel mit etwas Leckerem belohnen möchte, wird in der Città Alta an vielen Stellen fündig, denn an kleinen Konditoreien herrscht kein Mangel! Und natürlich kann man auf dem Rückweg in die Unterstadt der Versuchung nachgeben und die grandiose Fernsicht im **Caffé della Funicolare** (s.S. 64) in der Funicolare-Station Richtung Unterstadt mit einem Espresso oder kleinen Häppchen verbinden.

M15 [S. 58] **Civico Museo Archeologico,** Piazza Cittadella, 9 Tel. 035 286070, www.museoarcheologicobergamo.it, Eintritt 3 € (berechtigt auch zum Eintritt in das Museo di Scienze Naturali „Enrico Caffi", s. rechts), unter 18 J. gratis, Di–So 9–12.30 Uhr und 14.30–17.30 Uhr (April–Sept. 30 Minunten länger und an Samstagen, Sonn- und Feiertagen in diesem Zeitraum 10–13 und 14.30–18.30 Uhr)

★16 [S. 58] **Dom von Bergamo**

M17 [S. 58] **Museo Donizettiano,** Via Arena, 9, Tel. 035 247116, Eintritt 3 € (unter 18 J. gratis), Di–Fr 9.30–13, Sa und feiertags auch 14.30–18 Uhr, Juni–Sept. Di–So 9.30–13 und 14.30–18 Uhr. Tipp: Das sogenannte „Joint Ticket" kostet 7 € und berechtigt zum Eintritt in dieses und vier weitere kleine Museen.

Bergamo ist ein Tor zu den italienischen Alpen

18 [S. 58] **Museo di Scienze Naturali „Enrico Caffi“**, Piazza Cittadella, 10, Tel. 035 286011, www.museoscienze bergamo.it, Eintritt 3 € (berechtigt auch zum Eintritt in das Civico Museo Archeologico, s. links), unter 18 J. gratis, Di–Fr 9–12.30 Uhr und 14.30–17.30, Sa. und feiertags 10–12.30 und 14.30–17.30 Uhr, April–Sept. abends 30 Minunten länger und an Samstagen, Sonn- und Feiertagen in diesem Zeitraum 10–13 und 14.30–18.30 Uhr

★19 [S. 58] **Piazza Vecchia**

★20 [S. 58] **Torre di Adalberto**

Infostellen

21 [S. 58] **IAT (Tourismusbüro Bergamo) Città Alta**, Via Gombito, 13 (Erdgeschoss des Torre Gombito),Tel. 035 242226, tgl. 9–17.30 Uhr

22 [S. 58] **IAT (Tourismusbüro Bergamo) Città Bassa**, Piazzale Marconi (Nähe Hauptbahnhof), Tel. 035 210204, tgl. 9–12.30 und 14–17.30 Uhr

23 [S. 58] **Agentur für Tourismusförderung und -entwicklung der Provinz Bergamo**, Viale Papa Giovanni XXIII, 57, Tel. 035 230640

› Der Infopoint am **Flughafen Orio al Serio** befindet sich im Ankunftsbereich und ist 364 Tage im Jahr von 8 bis 21 Uhr geöffnet (Tel. 035 320402).

Informative Internetseiten

› **www.comune.bergamo.it:** offizielle Website der Stadt

› **www.turismo.bergamo.it:** mit 2D- und 3D-Karte der Stadt und vielen weiteren nützliche Infos, auch auf Deutsch. Wird von der Agentur für Tourismusförderung und -entwicklung der Provinz Bergamo betrieben.

› **www.atb.bergamo.it:** Website der Verkehrsbetriebe Bergamos

› **www.teatrodonizetti.it:** Website des örtlichen Theaters, das sich vor Häusern in Großstädten nicht verstecken muss!

› **www.bergamomusicafestival.it:** Seit 2006 zählt das jährliche Musikfestival (Schwerpunkt Oper) zu den kulturellen Highlights der italienischen Voralpen.

Verkehrsmittel

Auto

Es ist keine gute Idee, mit dem eigenen **Auto** in die Oberstadt *(Città Alta)* zu fahren: Verkehrsbeschränkungen und Parkplatzmangel sorgen für Stress. Man parkt besser in der Unterstadt und nutzt den Bus (Linie 1) bzw. die Standseilbahn *(funicolare)*. Die Tagestickets sind mit 3,50 € für den Innenstadtbereich bzw. 5 € (inkl. Bus vom/zum Flughafen Ber-

033ma Abb.: fo © slowcentury

Bergamo – Wiege des Stracciatella-Eises

Stracciatella, die berühmte Speiseeis-Sorte mit geraspelter Schokolade, wurde 1953 erstmals von Enrico Panattoni (1928–2013), dem Besitzer der Eisdiele La Marianna im norditalienischen Bergamo serviert.

Die Bezeichnung geht auf das italienische Verb „stracciare“ für „zerfetzen“ zurück, denn die verwendeten Schokoladestückchen sehen - korrekt zubereitet - zerfetzt aus. Für stilechten Stracciatella-Genuss muss für die weiße Masse „Fior di Latte“ verwendet werden, bestehend aus den Grundstoffen Milch, Sahne, Zucker und Mascarpone. Das einzig wahre Original-Stracciatella gibt es natürlich nach wie vor nur bei La Marianna an Bergamos Colle aperto. Hier rühmt man sich eines noch aufwendigeren Herstellungsverfahrens: Als Eismaschine soll immer noch die gute alte „Carpigiani L40“ mit verzinnter Kupferglocke im Einsatz sein.

Zutaten der Wahl sind frische Milch, Eigelb, Kristallzucker, Sahne, Speisegelatine und ein Stabilisator. Für die Schokostreusel wird dunkle Schokolade eines bestimmten Herstellers mit einem Kakaoanteil von 58 % genommen.

24 *[S. 58]* ***Gelateria La Marianna,*** *Largo Colle aperto, Oberstadt, 2/4, Tel. 035 237027, www.lamarianna.it. Berühmt für die Erfindung des Stracciatella-Eises.*

gamo) recht günstig und gelten für beide genannten Verkehrsmittel. Infos zu **Leihfahrrädern** unter www.atb.bergamo.it (Servizi per la mobilità).

Standseilbahn (funicolare)

- •**25** [S. 58] **Standseilbahn zur Città Alta (Oberstadt),** Funicolare Città Bassa – Città Alta, verkehrt grundsätzlich von 7 Uhr morgens bis 1 Uhr nachts einige Male pro Stunde, reguläres 75-Minuten-Ticket für die „Zona Urbana" 1,30 €
- •**26** [S. 58] **Standseilbahn auf den Hügel San Vigilio,** Funicolare San Vigilio, verkehrt grundsätzlich von 7 Uhr morgens bis ca. Mitternacht mehrere Male pro Stunde, reguläres 75-Minuten-Ticket für die „Zona Urbana" 1,30 €
- › **Detaillierte Infos zum ÖPNV** in Bergamo im Allgemeinen, zu den Standseilbahnen im Speziellen und zu Kombi-Tickets und Sonderangeboten finden sich unter www.atb.bergamo.it (Italienisch und Englisch). Die günstigen 24- und 72-Stunden-Tickets lohnen sich in Bergamo rasch.

EXTRATIPP

Bergamocard

Für die meisten Besucher Bergamos dürfte sich die Bergamocard lohnen, die es mit einer Gültigkeit von 24 Stunden für 10 € bzw. 48 Stunden für 15 € gibt. Sie berechtigt zur **Nutzung der öffentlichen Verkehrsmittel** inklusive Airport-Bus und beider *funicolari* (Standseilbahnen), außerdem zu **freiem Eintritt** bei vielen Sehenswürdigkeiten. Zudem erhält man in zahlreichen Läden **Vergünstigungen** beim Shoppen. Vor Ort erhält man die Karte unter anderem in Tabacchi-Läden, an den Eingängen zu den Museen und bei den Ticketautomaten der unteren Standseilbahn (Talstation).

- › **Mehr Infos und Online-Kauf:** www.bergamocard.it (Italienisch und Englisch)
- › **Achtung:** Bei Redaktionsschluss Ende 2017 war die Bergamocard vorübergehend nicht erhältlich.

Shoppen

Bergamasker Geschäfte haben meistens Dienstag bis Samstag von 9 bis 12.30 und 15 bis 19 Uhr geöffnet. Viele Läden außerdem auch Montagnachmittag. In Bergamos **Oberstadt** gibt es in den Straßen und Gassen rund um die Via Rocca, die Via Gombito sowie die Via Colleoni reichlich kleine Läden und Boutiquen. In der **Unterstadt** frönt man dem Kaufrausch am besten in der Umgebung der Viale Giovanni XXIII.

036ma Abb.: fo © salparadis

◁ Fabelwesen auf der Piazza Vecchia

▷ Nostalgisch und praktisch: Bergamos Standseilbahnen

27 Oriocenter, Via Portico, 71, Tel. 035 4596201, www.oriocenter.it, geöffnet tgl. 9–22 Uhr. Das Oriocenter ist eine der größten Shoppingmalls Italiens und befindet sich gleich neben dem Flughafen. Von dort sind es zu Fuß nur ca. 10 Minuten zur Mall. Tipp: Wer nur Handgepäck dabei hat, kann sich die Kosten für die Gepäckaufbewahrung (5 € pro Tag) beim Flughafenparkplatz sparen und die Gratis-Schließfächer bei den Parkdecks des Oriocenters nutzen.

Essen und Trinken

28 [S. 58] **Antica Osteria del Vino Buono,** Piazza Mercato delle Scarpe, Tel. 035 247993, www.anticaosteriadelvinobuono.it. Typisch italienische Trattoria mit guten Weinen zu hervorragenden Gerichten. Nicht weit von der Seilbahn-Station in die Unterstadt.

29 [S. 58] **Caffé della Funicolare,** Via Porta Dipinta, 1, Tel. 035 210091. Café-Bar mit bombastischem Fernblick. Kann den Beginn oder Schlusspunkt von Expeditionen in die Oberstadt bilden!

30 [S. 58] **Da Franco,** Via Colleoni, 8, Oberstadt, Tel. 035 238565, www.dafrancobergamo.it (auch auf Deutsch). Neben Pizza gibt es typische Gerichte der Region zu vernünftigen Preisen in rustikaler Atmosphäre. Die Gäste des Restaurants können auch auf dem zur Via Colleoni hin offenen Vorplatz sitzen.

31 [S. 58] **Enoteca Al Donizetti,** Via Gombito, 17a, Tel. 035 242661, www.donizetti.it. Große Auswahl an Weinen zu kleinen Gerichten in toller Oberstadt-Lage.

Unterkünfte

32 Bergamo Hostel €, Via Galileo Ferraris 1, Tel. 035 361724 und 035 343038, www.ostellodibergamo.it. **Familienfreundlich:** Kinder unter 5 Jahren übernachten gratis. Sehr ordentlich ausgestattete Jugendherberge nördlich der Oberstadt.

33 [S. 58] **Hotel Arli** €€, Largo Porta Nuova, Tel. 035 222014, www.arli.net (auch auf Deutsch). **Zentral und gediegen:** Gut ausgestattetes 3-Sterne-Hotel in verkehrsgünstiger Lage (Unterstadt). Restaurant, Weinbar und Spa.

34 [S. 58] **Hotel NH Bergamo** €, Via Palocapa 1/G, Tel. 035 2271811, www.nh-hotels.it. **Zweckmäßig:** Solides Mittelklassehotel in zentraler Lage (Unterstadt).

35 [S. 58] **Il Sole** €-€€, Via Bartolomeo Colleoni,1, Tel. 035 218238, www.ilsolebergamo.com. **Mitten in dcr historischen Altstadt:** Schlichte Räume mitten in der Oberstadt gleich neben der Piazza Vecchia. Mit einfachem Restaurant!

MAILAND ERLEBEN

002ma Abb.: js

052ma Abb.: js

Mailand für Kunst- und Museumsfreunde

Museen

Museen gibt es reichlich und nicht wenigen sind im Kapitel „Mailand entdecken" eigene Abschnitte gewidmet. Unter kunstgeschichtlichen Gesichtspunkten ragt die Pinacoteca di Brera besonders heraus. Das Museo Nazionale della Scienza e della Tecnologia Leonardo da Vinci kombiniert Wissensvermittlung und Entertainment in ganz hervorragender Weise.

M36 [A7] **Armani/Silos,** Via Bergognone, 40, Tel. 02 91630010, www.armanisilos.com, Eintritt 12 €, reduziert 8,40 €, mit Audioguide 15 €, geöffnet: Mi–So 11–19 Uhr. Modeschöpfer Giorgio Armani hat sich mit seinem Modemuseum noch zu Lebzeiten selbst ein Denkmal gesetzt. Die vier Etagen sind von unten nach oben folgenden Aspekten der Karriere des Genius gewidmet: Daywear/Exotik/Farben/Licht.

⓫ [E3] **Casa di Manzoni.** Zu sehen sind Salon, Arbeits- und Sterbezimmer des Dichters Alessandro Francesco Tommaso Manzoni (s. S. 28).

⓬ [E3] **Casa Museo Poldi Pezzoli.** Eines der schönsten Museen Mailands. Nicht nur das Gebäude ist sehenswert, sondern auch die Sammlungen: Neben Werken von Botticelli, Mantegna, Canaletto sind u. a. auch Teppiche, Waffen, Juwelen, Murano-Glas, Porzellan zu sehen (s. S. 28).

M37 [C4] **Civico Museo Archeologico,** Corso Magenta, 15, www.comune.milano.it/museoarcheologico, Tel. 02 88445208, Eintritt 5 €, reduziert 3 €, geöffnet: Di–So 9–17.30 Uhr (letzter Einlass 17 Uhr), geschlossen: montags, 1. Januar, 1. Mai, 15. August, 25. Dezember. Das Museum für Archäologie beschäftigt sich mit der Geschichte der Stadt.

M38 [G2] **Galleria d'Arte Moderna Milano,** Via Palestro, 16, Tel. 02 88445947, www.gam-milano.com, Eintritt 5 € (red. 3 €), gratis ab 16.30 Uhr bzw. Di ab 14 Uhr, geöffnet: Di–So 9–17.30 Uhr. Sehr

Interaktive Wissensvermittlung in der Pinacoteca Ambrosiana (s. S. 24)

Vorseite: Schablonengraffito an einer Mailänder Hauswand

große, sehr beeindruckende staatliche Kunstgalerie in der 1781 fertiggestellten Villa Reale (auch Villa Belgiojoso oder Villa Bonaparte). Hier am Südende der Giardini Pubblici stoßen Kunstfreunde gleich auf mehrere bemerkenswerte Sammlungen. Vertreten sind unter anderem Mancini, Manet, Van Gogh und Marino Marini. Dazu kommen regelmäßig Wechselausstellungen. Das herrliche neoklassizistische Hauptgebäude wurde Ende des 18. Jahrhunderts errichtet. Es diente erst einem Grafen und später Napoleons Stiefsohn Eugène als Domizil.

13 [F3] **Museo Bagatti Valsecchi.** Der Stadtpalast ermöglicht eine Zeitreise in das Leben zweier Mailänder Aristokraten mit Sammelleidenschaft (s. S. 29).

› **Musei Civici del Castello Sforzesco** (s. S. 34). Das Castello Sforzesco 19 vereint mehrere Museen mit verschiedenen Schwerpunktthemen.

M 39 [G2] **Museo Civico di Storia Naturale,** Corso Venezia, 55, Tel. 02 88463337, www.comune.milano.it/museostoria naturale, geöffnet: Di–So 9–17.30 Uhr, Eintritt 5 €, reduziert 3 €. Wissenswertes zur Naturgeschichte.

› **Museo del Cenacolo Vinciano,** in der Basilica di Santa Maria delle Grazie 24. Hier ist Leonardos großformatiges meisterhaftes Wandgemälde „Das letzte Abendmahl" zu sehen (s. S. 38)

› **Museo del Duomo,** im Palazzo Reale 3. Museum zur Geschichte des Dombaus (s. S. 20).

4 [E4] **Museo del Novecento.** Kunst des 20. Jahrhunderts am Domplatz (s. S. 20).

M 40 [E2] **Museo del Risorgimento,** Via Borgonuovo, 23, Tel. 02 88464177, www.museodelrisorgimento.mi.it, Eintritt 5 €, reduziert 3 €, Kinder und Jugendliche gratis, geöffnet: Di–So 9–13 Uhr, 14–19.30 Uhr. Italienische Geschichte der Epoche zwischen 1815 und 1870.

M 41 [D6] **Museo Diocesano,** Corso di Porta Ticinese, 95, Tel. 02 89420019, Eintritt: 8 € (reduziert 5 €, Studenten 2 €), geöffnet: Juli–September Di–Sa 19–24 Uhr, Oktober–Juni Di–So 9–18 Uhr. Das Diözesanmuseum zeigt Kirchenkunst.

› **Museo di Sant'Ambrogio,** Basilica di Sant'Ambrogio 27, www.basilicasant ambrogio.it, geöffnet: tgl. 10–12 Uhr und 14.30–17.30 Uhr. Das hübsche kleine Museum befasst sich mit der Baugeschichte der Kirche. Außerdem werden sakrale Gerätschaften ausgestellt (s. S. 43).

› **Museo Leonardo3 – Il mondo di Leonardo,** in der Galleria Vittorio Emanuele II 2. Sonderausstellung zu Leonardo da Vincis Leben und Werk (s. S. 19).

28 [B5] **Museo Nazionale della Scienza e della Tecnologia Leonardo da Vinci.**

017ma Abb.: js

› *Museo Leonardo3 – eine Sonderausstellung über Leonardo da Vinci*

Museum zu Wissenschaft und Technik mit interaktiven Stationen und einer Abteilung, die dem Namensgeber gewidmet ist. Nicht nur für Kinder spannend (s. S. 46).

› **Museo Teatrale alla Scala,** im Teatro alla Scala 9. Das Museum bietet dem Besucher Einblick in die spannende Geschichte der Scala (s. S. 27)

42 [G2] **Padiglione d'Arte Contemporanea (PAC),** Via Palestro, 14, Tel. 02 88446359/360, www.pacmilano.it, Eintritt 8 € (red. 4/6,50 €), geöffnet: Di–So 9.30–19.30, Do bis 22.30 Uhr. Der 1954 als Pavillon zeitgenössischer Kunst eröffnete PAC ist an die Villa Reale angeschlossen und präsentiert in Wechselausstellungen vorzugsweise die Werke zeitgenössischer italienischer Künstler.

10 [E4] **Palazzo Marino.** Im Hauptgebäude der Stadtverwaltung finden regelmäßig Kunstausstellungen statt (s. S. 27).

› **Pinacoteca Ambrosiana,** im Palazzo dell'Ambrosiana 8, in dem auch die Biblioteca Ambrosiana untergebracht ist. Bemerkenswerte Gemäldesammlung (s. S. 24).

17 [E3] **Pinacoteca di Brera.** Gemäldesammlung von Weltrang (s. S. 31).

22 [C2] **Triennale Design Museum.** Kunst und Design jüngeren Datums (s. S. 37).

Die wichtigsten Kunstepochen

Ein Bummel durch Mailand ist auch eine Reise durch die Architekturgeschichte. Ein kurzer Überblick über die wichtigsten hier vertretenen Stilrichtungen mit konkreten Beispielen:

› ***Antike:*** *Römische Villen und Tempel (siehe Säulen vor der Basilica di San Lorenzo Maggiore 29)*

› ***Langobardisch (als Ausprägung der Vorromanik):*** *Kreuzrippengewölbe, 5. bis 10. Jahrhundert. Teilweise sind Dekoelemente oder kleinere Bauteile von Kirchen, die im Frühmittelalter errichtet wurden, noch erhalten.*

› ***Romanik:*** *Im 11. Und 12. Jahrhundert dominierte schlichte, eher wuchtige Architektur (siehe Palazzo della Ragione auf der Piazza dei Mercanti 7, aber auch Hauptbau der Basilica di Sant'Eustorgio 30).*

› ***Gotik:*** *Die Bauarbeiten am Mailänder Dom 1 begannen Ende des 14. Jahrhunderts.*

› ***Renaissance:*** *Die Malerei wird ab dem 15. Jahrhundert perspektivisch und die Architektur besinnt sich auf Antikes (siehe Basilica di Santa Maria delle Grazie 24 mit Leonardos Abendmahl-Gemälde).*

› ***Barock:*** *Der dekorative, manchmal überbordende Barockstil wie die Innenausstattung der Kirchen Chiesa di San Bernardino alle Ossa 5 oder San Vittore al Corpo (s. S. 47) entwickelt sich weiter zum Rokoko des 18. Jahrhunderts.*

› ***Klassizismus:*** *Dieser wieder an der Antike orientierte eher strenge Stil läuft um die Wende zum 19. Jahrhundert zur Hochform auf (siehe Fassade der Scala 9, des Palazzo Reale 3, der Basilica di San Lorenzo Maggiore 29 und vieler weiterer Bauten).*

› ***Romantik:*** *Im 19. Jahrhundert werden gotische Elemente wieder schick. Viele Details der Dom-Dekoration entstehen in dieser Zeit.*

› ***Jugendstil:*** *Organische Formen dominieren zu Beginn des 20. Jahrhunderts auch die norditalienische Ausprägung der Jugendstil-Epoche (siehe Acquario Civico 21).*

Mailand für Genießer

Essen und Trinken

Die **lombardische Küche** hat sich sicht- und schmeckbar anders entwickelt als die der angrenzenden Regionen. Während in den italienischen Alpen lange eher schlichte Bauernkost mit Esskastanien und dicker Polenta dominierte und in der Toskana vieles ersonnen wurde, was wir heute als typisch italienische Kost bezeichnen würden, verlegten sich die Mailänder mit Vorliebe auf **Deftiges** und **Herzhaftes.** Denn der bürgerliche Wohlstand und die ringsum florierende Landwirtschaft sorgen dafür, dass in der Küche stets aus dem Vollen geschöpft werden konnte. Dabei sind selbst die üppigsten lombardischen Gerichte im Kern einfach und bodenständig geblieben.

Ein typisches Gericht ist beispielsweise **Ossobuco alla Milanese con risotto giallo:** Die Mailänder Kalbsbeinscheibe mit gelbem Risotto gilt als traditionelles Sonntagsessen der besseren Kreise. Lange schon steht es auch auf Speisekarten der Nachbarprovinzen, etwa im Tessin. Die Beinscheibe wird mitsamt Markknochen in einem Ragout aus Wein, Brühe und Zwiebeln geschmort. Gerne serviert man sie mit grünen Erbsen. Keinesfalls fehlen darf aber gelbes, leicht flüssiges Risotto, am besten aus Carnaroli-Reis.

Auch **Cassoela** (Schweinefleisch und -rippchen mit Wirsing) wird in Mailand gern gegessen und **Cotoletta a la Milanese,** goldgelb paniertes Kalbskotelett, ist der Inbegriff Mailänder Kulinarik. Es soll kein Zufall sein, dass es dem weitaus berühmteren Wiener Schnitzel zumindest ähnlich sieht: Mailänder schwören Stein und Bein, dass sie ihr „co(s)toletta“ schon lange so aßen, bevor die Habsburger das Rezept in ihre Hauptstadt exportierten – von wo aus es dann die Welt eroberte. Schnitzel-Fans kennen das simple Rezept: Der Fleischlappen wird erst in Ei und Semmelbrösel gewälzt und dann in Butter gebacken. Die Österreicher erwidern, dass ihr Schnitzel erstens deutlich dünner und dabei auch nachdrücklicher paniert sei als das der Mailänder und diese ihr „cotoletta“ ja obendrein nicht nur mit Kalbfleisch, sondern auch mit Schweinekoteletts zuberei-

011ma Abb.: js

Typische Café-Bar im Zentrum

Panettone-Rezept

So wird Panettone stilecht zubereitet: 250 ml Milch zu 100 g frisch geschmolzener Butter gießen und lauwarm abkühlen lassen. Einen handelsüblichen Hefewürfel hineinbröseln, einen Esslöffel Zucker dazu und alles tüchtig verrühren. Dann 500 g Mehl, einen halben Teelöffel Salz, drei mittelgroße Eier, 1 Esslöffel Zucker und das Mark einer Vanilleschote in eine Schüssel geben. Das Milch- und Hefegemisch dazu und alles zu einem glatten Teig kneten. Diesen zugedeckt an einem warmen Ort eine Stunde gehen lassen. Derweil 125 g Rosinen abspülen, trocken tupfen und nach Ablauf der Stunde mit 125 g Zitronat, 125 g Orangeat und einer Bio-Orangenschale unter den Teig kneten. Anschließend die Panettone-Form, am besten eine mit einem Durchmesser von knapp 20 cm und rund anderthalb Liter Inhalt, mit Fett einreiben. Teig in die Form füllen und abgedeckt 15 Minuten gehen lassen. 1 Esslöffel Zucker und 1 Esslöffel Butter in Flöckchen auf dem Teig verteilen. Im vorgeheizten Backofen (elektrisch: 200 °C/Umluft: 175°/Gas: Stufe 3) knapp 50 Minuten goldbraun backen. Nach 30 Minuten Backzeit eventuell abdecken. Auf einem Gitter in der Form etwa zwei Stunden auskühlen lassen. Buon appetito!

ten würden. Wie auch immer, Hauptsache, alle Beteiligten werden satt.

Eine köstliche Kreation Mailänder Bäcker ist der **Panettone.** Der klassische hohe Weihnachtskuchen aus lockerem Hefeteig mit Rosinen und gehackten kandierten Früchten erfreut sich nicht nur in der Lombardei großer Beliebtheit. Seine Bezeichnung verdankt er dem italienischen Wort für Brot („pane“, Rezept siehe links). Das sämige **Mailänder Safran-Risotto** ist nur das bekannteste Beispiel für die Reiskreationen der Gegend. Dank der nahen Anbauflächen in der Po-Ebene ist immer für ausreichend Grundstoff gesorgt. Die Beilage **Polenta,** ein Maisbrei, der traditionell wie Risotto im Kupferkessel über dem offenen Feuer zubereitet wird, haben die Lombarden vermutlich aus den nahen Alpenregionen übernommen.

Natürlich wissen Mailänder auch **Gerichte aus weiter entfernten Landesteilen** zu schätzen. Reisende werden daher in Mailand reichlich „typisch italienische“ Küche vorfinden. An Restaurants, Pizzerien, Trattorien, Imbissen und Bars herrscht definitiv kein Mangel. Für alle Geschmäcker und jeden Geldbeutel ist etwas dabei. Die vielen toskanischen Restaurants beispielsweise bieten oft eine gemischte Küche mit Gerichten aus ganz Italien an.

Bemerkenswert: Den frischesten Fisch direkt vom Markt soll es in Italien ausgerechnet in Mailand geben, in einer Stadt also, die selbst in der Luftlinie über 140 km vom Meer entfernt liegt! Grund ist die Rolle der Metropole als italienischer **Hauptumschlagort für Fisch und Meeresfrüchte.**

Auch das **lokale Angebot an Käse** ist besonders groß: Gorgonzola, Grana, Bel Paese, Taleggio und viele andere Kuhmilchkäse (s. S. 72). Diese leckere Auswahl wird durch die vielen anderen Käsesorten aus ganz Italien noch beträchtlich erweitert.

Weine aus den sanft gewellten Hügelketten der **Franciacorta,** dem renommiertesten Anbaugebiet in der

Lombardei, spielen zwar bei Festessen in Mailand eine große Rolle, haben sich aber anders als die Konkurrenz aus dem Piemont und der Toskana international nie richtig durchsetzen können.

Landestypischer kulinarischer Tagesablauf

Das **Frühstück** *(colazione)* spielt in Mailand wie in den meisten Gegenden Italiens keine große Rolle. Viele begnügen sich mit einem Espresso und Backwerk, beispielsweise einer fluffigen *brioche.* Auch das **Mittagessen** *(pranzo)* ist für Mailänder normalerweise nicht die Hauptmahlzeit.

Abends wird dann zugeschlagen, mit oder ohne Aperitivo bzw. gern auch währenddessen, denn wo spätnachmittags bzw. am frühen Abend dem Mailänder **Aperitivo-Kult** gefrönt wird, gibt es oft auch Häppchen oder

EXTRATIPP

Der Aperitivo: Umtrunk mit Stil

Mit Aperitivo bezeichnet man die Einnahme von **After-Work-Drinks** am frühen Abend, gern begleitet von leckeren Häppchen. Er kann größere Unternehmungen einleiten, aber auch der einzige – manchmal recht ausgedehnte – Ausgeh-Programmpunkt bleiben. Ein Aperitivo-Getränk kostet fast überall (deutlich) unter 10 € und selten mehr als 12 €. Gern genommen werden beispielsweise Longdrinks und Cocktails mit **Campari.** Ungebrochen beliebt ist das In-Getränk **Spritz.** Es heißt so, weil unter Hochdruck stehendes Mineralwasser in wahlweise Campari, Aperol oder Weißwein gespritzt wird. Sehr erfrischend!

Mailänder lieben ihre Cafés und Bars

064ma Abb.: js

Käse aus der Lombardei

Gerieben, zerrissen, geschmolzen oder zerbröckelt – in der lombardischen Küche spielt Käse eine nicht zu unterschätzende Rolle. Hintergrund sind vermutlich auch die hervorragenden Bedingungen für die Rinderzucht in der Lombardei und den angrenzenden Regionen, die für einen nie versiegenden Nachschub an frischer und fettreicher Milch sorgen.

Mailänder schätzen Käse von jeher sowohl als Beilage als auch als Dessert oder aber einfach als Snack zwischendurch. Die bekanntesten Sorten der Region im Überblick:

- ***Grana Padano** ist neben Gorgonzola der bekannteste Käse der Lombardei. Er ähnelt dem Parmigiano Reggiano aus der Nachbarregion Emilia-Romagna. Als hartkörnige Sorte wird er vor allem gerieben verwendet, um beispielsweise Nudelgerichte zu verfeinern. Gerne nehmen ihn Italiener auch in kleinen Stückchen zu sich, egal ob zum Aperitif, als Beilage oder als Dessert.*
- *Der würzige Blauschimmelkäse **Gorgonzola** wurde nach einem seiner Herstellungsorte, einem Städtchen zwischen Mailand und Bergamo, benannt. Je länger die Käsemasse mit den Pilzsporen reift, desto „aromatischer" wird der Gorgonzola. Scharfe Varianten reifen 100 Tage und länger. Kenner kombinieren ihn gerne mit Reis oder Sellerie.*
- ***Mascarpone** ist ein cremiger Frischkäse mit stattlichen 80 % Fettgehalt. In Nordeuropa hat er es als wichtiger Grundstoff für die italienische Süßspeise Tiramisu zu einiger Bekanntheit gebracht.*
- *Mild und gleichzeitig etwas säuerlich mundet **Taleggio.** Im Laden erkennt man ihn an seiner orangefarbenen Rinde. Aufgeschnitten weist er leichte Schimmelspuren auf.*
- ***Stracchino** ist eine milde cremige Sorte, die sich hervorragend als Beilage eignet, beispielsweise zu Ofenkartoffeln.*

Preiskategorien

Kosten für ein Menü mit Vorspeise *(primo)*, Hauptgericht *(secondo)*, Beilagen *(contorni)* und süßem Nachtisch *(dolce)* ohne Getränke *(bibite)*.

€	bis 25 €
€€	25 € bis 50 €
€€€	über 50 €

Die Preise für einfache Pizzen beginnen bei etwa 5 € zzgl. Gedeck *(coperto)*. Aufwendigere Pizzagerichte kosten meist auch nicht mehr als 10 €.

sogar ein opulentes Buffet. Der bekannteste Mailänder Aperitif ist der von der Familie Campari erfundene gleichnamige Drink.

Lassen Mailänder ein komplettes **Abendessen** *(cena)* auffahren, könnte dieses so aussehen: Auf eine der typischen **Vorspeisen**, z. B. *bresaola* (dünnes getrocknetes Rindfleisch mit Käsestückchen und Rucola) oder *nervetti* (würzige Knorpel) folgt als *primo* (Vorspeise) ein Reisgericht.

Das bekannteste lokale *secondo* **(Hauptgericht)** ist Ossobuco alla Milanese con risotto giallo (Details s. S. 69). Das Knochenmark gilt dabei als besondere Delikatesse. Dazu lassen sich Kenner gerne *gremolata* bringen, eine würzige Soße auf der Basis von Knoblauch und Zitrone. Als **Nachtisch** nehmen Mailänder gerne etwas Käse oder Tiramisu – genau genommen auch ein Käsegenuss, denn dessen Grundsubstanz ist der cremige Frischkäse Mascarpone.

Hervorhebenswerte Lokale

Mailands **feinste Schlemmermeile** ist die **Via Spadari** [E4] westlich des Domplatzes – eigentlich keine Meile, sondern fast ein eigener Stadtteil, an der auch die Via Speronari und die Via Victor Hugo Anteil haben. Das Unternehmen Peck (s. S. 85) und viele andere betreiben hier Delikatessenläden, edle Ristoranti und Bars.

Selbstverständlich haben Ambiente und Exklusivität ihren Preis. Das Restaurant Cracco (s. S. 73) pflegt z. B. eine experimentelle Küche, für die pro Menü locker 150 € veranschlagt wird.

Viele Restaurants und Pizzerien schließen nachmittags für einige Stunden. Typische **Öffnungszeiten** sind 12 bis 14.30 Uhr und dann wieder 19 bis 23 Uhr. In der Spitzengastronomie benötigen Normalsterbliche zwingend eine **Reservierung.** Wenn viel los ist, etwa zu Messezeiten oder während der Modewochen, ist die Lage selbst bei sehr langfristiger Planung kritisch. Restaurants mit internationalen Gerichten sind in Mailand seltener als in Nordeuropa.

In den seltenen Fällen, dass die Rechnung keine Gebühr für die Bedienung ausweist, gibt man ca. 10 % **Trinkgeld.** In Bars kann man einfach auf volle Euro aufrunden.

Restaurants und Pizzerien

Domplatz und Umgebung

43 [E4] **Al Mercante** €€, Piazza dei Mercanti, 17, Tel. 02 8052198, www.ristorantealmercante.it. Im Schatten des Palazzo della Raggione auf dem Piazza dei Mercanti. Vegetarier sind ausdrücklich willkommen. Tipp des Autors: Mit dem Tagesmenü liegt man selten daneben. Reservieren Sie einen Tisch mit Blick auf die mittelalterliche Piazza. Bei schönem Wetter werden auch dort einige Tische aufgestellt. Erlesene Weinkarte.

44 [F5] **Bar dell'Università** €-€€, Via Larga, 6, Tel. 02 80500404. Für die Innenstadt verhältnismäßig preisgünstiges Pizzeria-Restaurant. Einige Tische stehen draußen.

45 [E4] **Cracco** €€€, Via Victor Hugo, 4, Tel. 02 876774, www.ristorantecracco.it. Chef Carlo Cracco kleckert nicht, sondern klotzt: Ambiente und Menüs sind ausgesprochen edel und sehr stilvoll. Beeindruckende Beispiele dafür bestaunt, wer auf der Website den Button „Idee" klickt! Seit 2013 hat das Gourmetrestaurant auch eine Filiale im Mailänder Nobelhotel Palazzo Parigi Hotel and Grand Spa.

46 [E4] **Giacomo Arengario** €€€, Via Guglielmo Marconi, 1, Tel. 02 72093814, www.giacomoarengario.com. Im dritten Stock des Palazzo dell'Arengario genießt man an der Südseite des Domplatzes einen unbezahlbaren Blick auf den Dom und dazu kostspielige Mahlzeiten in schickem Art-déco-Ambiente. Die Terrassenplätze sind extrem begehrt. Im selben Gebäude ist das Museo del Novecento untergebracht.

47 [E5] **Manhattan** €, Piazza Erculea, 9, www.ristorantemanhattan.net, Tel. 02 86451654. Restaurant und Pizzeria mit angesichts der relativ zentralen Lage überraschend vernünftigen Preisen. Vom

Domplatz eine Station mit der Metro M3 Richtung Süden.

Nordöstlich des Zentrums

48 [H2] **Pizza OK** €, Via Lambro, 15, Tel. 02 29401272. Nicht weit von der Metrostation Porta Venezia diniert man in schlichtem Ambiente, wählt aber aus fast 100 Pizzasorten. Die bei Mailändern sehr populäre Kette hat auch in anderen Stadtteilen Filialen. Sichtbares Gütesiegel ist der große Andrang. Mittags geschlossen.

49 [F2] **Swiss Corner** €, Piazza Cavour, Ecke Via Palestro, Tel. 02 76390698, www.swisscornermilano.it. Sehr stylish eingerichtetes Lounge-Bistro im Gebäude des Centro Svizzero mit großzügigem Hauptraum und einem kleineren Außenbereich. Für erstaunlich günstige Preise speisen Gäste Gerichte, die in Italien als typisch für die Schweiz gelten, also z. B. Quiches oder Crêpes, außerdem leckere Sandwiches. Der Verdauungsspaziergang in den Giardini Pubblici gleich daneben ist gratis.

Gastro- und Nightlife-Areale

Bläulich hervorgehobene Bereiche in den Karten kennzeichnen Gebiete mit einem besonders dichten Angebot an Restaurants, Bars, Klubs, Discos etc.

Brera und weiter nördlich

50 [dh] **10 Corso Como** €€€, Corso Como, 10, Tel. 02 29013581, www.10corsocomo.com. Das edle Café-Restaurant ist Aperitivo-Bar, Gourmettempel, Kunstgalerie, Boutique und Klub in einem. Gilt als Inbegriff von Stil und Kunstsinn. Inzwischen gibt es Ableger in Seoul, Shanghai und Tokio.

51 [E2] **Bar Brera** €, Via Brera, 23, Tel. 02 877091. Heißt Bar, ist aber eine Restaurant-Pizzeria mitten im schicken gleichnamigen Viertel. Bei schönem Wetter werden auch Tische auf die gepflasterte Gasse gestellt. Eine weitere Besonderheit sind die äußerst großzügigen Öffnungszeiten, nämlich täglich von 7 Uhr morgens bis mindestens 2 Uhr nachts. Für die Gegend nicht mal so teuer – das gilt vor allem für das Buffet zur Aperitivo-Zeit ab etwa 17 Uhr.

Üppig begrünt: Außenbereich des Caffè della Pusterla

014ma Abb.: js

52 [D2] **Caffe Grand'Italia** €, Corso Garibaldi, 9, Tel. 02 86462414. Heißt Caffe, ist aber eine auch von Einheimischen viel frequentierte Pizzeria nur wenig östlich des Parco Sempione. Üppige Portionen zu kaum schlagbaren Preisen.

Westlich des Zentrums

53 [C4] **Bar Magenta** €, Via Carducci, 13, Tel. 02 8053808. In der westlichen Innenstadt eine Institution. Ordentliche Portionen und dazu Fassbier. Am frühen Abend wird es schon mal etwas voller.

54 [C5] **Caffè della Pusterla** €€, Via Edmondo de Amicis, 22, Tel. 02 36745641. An einer belebten Durchgangsstraße gelegenes Bistro-Café mit nobler Einrichtung. Großzügige Öffnungszeiten bis gegen 2 Uhr nachts. Sehr ordentliche Weinkarte und leckere kleine Gerichte aller Art. Wer spontan vorbeikommt und keinen Platz mehr findet, kann es in der viel gelobten **Pizzeria Premiata** € (Tel. 327 2876197, www.premiatapizzeriamilano.com) direkt daneben versuchen (kleine Terrasse). Leckeres Eis gibt es gegenüber bei cioccolatItaliani (s. S. 78)

Südwestlich des Zentrums

55 [E5] **Alla Collina Pistoiese** €€, Via Amedei, 1, Tel. 02 86451085, www.lecollinepistoiesi.it. Toskanische Küche in sehr gediegener Atmosphäre unter Lüstern an einer dunklen Holzdecke.

56 [B6] **Il Mosto Selvatico** €€, Via Ausonio, 23, www.ilmostoselvatico.com, Tel. 02 89406172. Stilvolles Dinieren in drei bewusst unterschiedlich gestalteten Räumen. Zu den Highlights des kulinarischen Programms zählen die Meeresfrüchte. Der Name des Restaurants („Wilder Most") lässt es erahnen: Auch die Weinkarte macht etwas her!

57 [A5] **Mappamondo Royal** €, Via Coni Zugna, 9, Tel. 02 43511222. Bei Mailändern sehr beliebte Ristorante-Pizzeria unweit des Museo Nazionale della Scienza e della Tecnologia. Ordentliche Portionen zu moderaten Preisen.

58 [D6] **Rugantino** €€, Via dei Fabbri, 1, (neben den Colonne di San Lorenzo), Tel. 02 89421404. Wer lieber nur einen Drink in Sichtweite der antiken Säulen einnehmen möchte, kann sich an das urige Martin Cafe auf dem Corso di Porta Ticinese, 51/A, Tel. 028373721, gleich gegenüber halten.

59 [A5] **Sant'Ambrogio** €, Via Foppa, 8, Tel. 02 36568287, www.ristorantesantambrogio.com. Völlig zu Recht bekannt für Gegrilltes. Die Plätze auf der Veranda sind begehrt. Sehr vernünftiges Preis-Leistungs-Verhältnis. Montags Ruhetag.

Andere Stadtteile

60 [H6] **Da Willy** €, Via Bergamo, 1, Tel. 02 5464363. Viel gelobt für Auswahl und Portionsgröße seiner Pizzakreationen. Filialen in weiteren Stadtteilen.

61 [G7] **Giulio, Pane e Oje** €€, Via Ludovico Muratori 10, Tel. 02 5456189, www.giuliopaneojo.com. Die nicht gerade mit Unmengen von antiken Ruinen gesegneten Mailänder schwärmen von diesem „römischen" Restaurant nahe der Porta Romana. Schlicht und lecker, in rustikalem Ambiente mit reichlich Holz. Bemerkenswerte Weinkarte.

Internationale Küche

Auf ihre kulinarischen Kreationen sind Italiener sehr stolz und Restaurants mit internationaler Küche spielen nicht dieselbe Rolle wie in unseren Breiten. Am ehesten kommt asiatische Küche vor, z. B. gibt es noble Sushi-Lokale.

62 [E2] **Botinero** €€, Via San Marco 3, Tel. 02 65560840, www.botinero.com. Die gebürtigen Argentinier und Spielerlegenden von Inter Mailand (s. S. 54) Javier Zanetti und Esteban

Cambiasso servieren in ihrem Gourmetrestaurant im Stadtteil Brera am liebsten delikate Steaks. Vitrinen mit Fußballdevotionalien schmücken das von außen unauffällige Lokal.

63 [D6] **Kazan Sushi** €, Corso di Porta Ticinese, 70, Tel. 02 83660979, www.kazansushi.it. Eine leckere Option für Sushi-Fans und gar nicht weit von den trendigen Vierteln Porta Ticinese und Navigli.

64 [F3] **Nobu Milan** €€€, Via Manzoni, 31, www.noburestaurants.com/milan, Tel. 02 62312645. Im selben Gebäude wie der wichtigste Armani-Store im Quadrilatero d'oro kooperiert das exklusive Japanrestaurant Nobu mit den Betreibern des weltberühmten Fashion-Labels. Nobu Matsuhisa kombiniert Japans Küche mit der Kochkunst aller Herren Länder.

Imbisse und Cafés

Die Unterscheidung zwischen Restaurant, Bar, Café und Imbiss ist oft etwas schwierig, da es in praktisch allen Bars und Cafés auch kleine Mahlzeiten zu genießen gibt, meistens zumindest Sandwiches *(panini)*. Bei manchen Läden richtet sich die Funktion auch nach der Uhrzeit.

EXTRATIPPS

Lecker vegetarisch

Vegetarier haben es in Mailand leicht, denn die meisten Restaurants haben auch fleischlose Kost im Angebot und viele Pizzakreationen kommen ohne Fleisch aus, z. B. der Klassiker „Tre colori" mit Käse, Tomatensoße und Rucola. Ausdrücklich willkommen sind Vegetarier z. B. im Restaurant **Al Mercante** (s. S. 73).

Vegane Eisspezialitäten

Ausschließlich aus veganen Zutaten zubereitetes Speiseeis erfreut sich weiter wachsender Beliebtheit. Entsprechendes im Sortiment hat z. B. die populäre **Gelateria Latteneve** (s. S. 78) im Navigli-Viertel 31.

Dinner for one

Wer beim Essen **einmal nur für sich sein möchte,** wird auf keine großen Hindernisse stoßen. Auch wenn Italiener es nur mit Mühe nachvollziehen können, dass jemand bei kulinarischen Genüssen Geselligkeit meidet, wird sich fast immer ein Tisch für eine Person finden lassen. Zum guten Ton Mailänder Gastlichkeit gehört, dass andere Gäste nicht einfach dazugesetzt werden.

Lokale mit guter Aussicht

Vom Restaurant im obersten Stockwerk des **Kaufhauses La Rinascente** (s. S. 84) rechts neben dem Hauptportal zur Galleria genießt man einen unvergleichlichen Blick auf das Domdach gleich daneben.

Besucher mit gut gefüllter Reisekasse werden sich für das **Ristorante Giacomo Arengario** (s. S. 73) im dritten Stock des Palazzo dell'Arengario an der Südseite des Domplatzes interessieren.

Der erste Kaffee

Ein guter Ort, um in Mailand in den Tag zu starten, ist das **Navigli-Viertel** 31. Entlang der Kanäle und in den Seitenstraßen laden kleine Bars und Restaurants zu einem leckeren Frühstück ein.

Wer keine Lust hat, sich bei einem Bummel spontan eines auszusuchen, kann z. B. gezielt das direkt am Naviglio Grande liegende **Eis-Café Amorino** (s. S. 77) ansteuern. Bei schönem Wetter sind die Plätze direkt neben dem Kanal schnell belegt. **Tipp:** Die beiden anderen Mailänder Filialen findet man im Brera-Viertel in der schmucken Via Fiori Chiari Nr. 9 [D–E2] (Tel. 02 91532598) und an der Westseite des Domplatzes [E4].

65 [E4] **Da Luini,** Via Santa Radegonda, 16, Tel. 02 86461917. Nur wenige Schritte vom Domplatz purzeln die Preise bereits ein bisschen. Leckere *panzerotti* (gefüllte Pizzataschen) ab 5 €. Abends bilden sich oft lange Schlangen.

66 [F4] **San Babila Café,** Piazza San Babila, 5, Tel. 02 76001308, WLAN. Ein wunderbares Beispiel für eine typische Kombination aus Café, Imbiss und Kiosk nahe der Innenstadt. Leckere Sandwiches ab 4 €, Kaffee ab 3 €. Sitzgelegenheiten im Freien.

67 [B6] **Trattoria Da Armando e Christian,** Corso Cristoforo Colombo, 10, Tel. 02 8322062, WLAN. Ein Eckchen Sardinien in Sichtweite der Bahnstation Porta Genova. Das Lokal hat sich zu einem kleinen Restaurant gemausert. Auch Kult-Torwart Gianluigi Buffon war schon da! Dienstags geschlossen.

68 [E4] **Trussardi,** Piazza della Scala, 5, www.trussardiallascala.it, Tel. 02 80688287, WLAN. Das Trussardi Café hat das sehr teure Ristorante Trussardi Alla Scala (Hauptgericht 50–150 €, Tel. 02 80688295) zum Nachbarn. Im Café trifft man sich auf einen leichten Imbiss (bis ca. 20 €) oder einen Aperitivo. Beide Lokale mit Blick auf die Piazza della Scala. Cocktails ab 15 €.

Die berühmten, in und um die Galleria Vittorio Emanuele II **2** versammelten Cafés sind überdurchschnittlich kostspielig, v.a. wenn man seinen Espresso oder Imbiss an einem der Tischchen sitzend einnimmt. Zwei besonders bekannte werden exemplarisch kurz vorgestellt. Weitere alteingesessene Galleria-Caffeterias sind z.B. das **Savini** und **Il Salotto di Milano.**

69 [E4] **Biffi,** Galleria Vittorio Emanuele II, www.biffigalleria.it, Tel. 02 8057961, WLAN. Auf der rechten Seite zwischen Domplatz und Zentrum der Galleria verwöhnt das historische Biffi seine Gäste seit 1867 mit Kaffeespezialitäten, Drinks und kleinen Essen. Die Biffi Pasticceria (s. S. 78) hat stadtauswärts am Corso Magenta ihren Sitz.

70 [E4] **Camparino (früher „Zucca in Galleria"),** Galleria Vittorio Emanuele II, Ecke Piazza del Duomo, Tel. 02 86464435, www.camparino.it. Hier soll schon Umberto I., Italiens König von 1878 bis 1900, gerne ein Käffchen eingenommen haben. Gehört zu den ältesten Lokalen der Stadt und heißt seit 2012 wieder Camparino. An der Bar getrunken sind die Campari-Drinks und Kaffeespezialitäten durchaus erschwinglich. In gepflegter Jugendstil-Atmosphäre kann man hier auch einen kleinen oder größeren Imbiss einnehmen.

EXTRATIPP

„Do like the locals do"

Man kann bares Geld sparen, wenn man es den Mailändern gleichtut und beispielsweise seinen **Espresso** zwischendurch für ab 1 € im Stehen an der Theke einnimmt, anstatt sich wie viele Touristen an die Tische zu setzen: Dann kostet derselbe Genuss nämlich wesentlich mehr.

Süßes und Eis

Eisdielen und Konditoreien sind in allen Stadtteilen reichlich vorhanden. Eine kleine Auswahl:

71 [C7] **Amorino Milano Navigli,** Alzaia Naviglio Grande, 24, Tel. 02 99204588, www.amorino.com/de → Boutiquen → Italien → Mailand. Das Eiscafé am Kanalufer bietet neben leckerem von Hand gemachten *Gelato* auch Shakes und Heißgetränke aller Art. Dazu köstliche Waffeln, Crêpes und andere süße Leckereien.

Smoker's Guide

Rauchen ist in Italien **in allen öffentlich zugänglichen Räumen strikt untersagt.** Das betrifft auch und gerade Restaurants, Cafés, Discos etc. Ausnahmen gibt es nur, wenn ein streng vom übrigen Lokal abgetrenntes Zimmer mit automatischer Tür vorhanden ist. Da es ein solches meistens nicht gibt, treffen sich Raucher gerne in kleinen und größeren Grüppchen draußen vor der Tür. Italiens Rauchverbotsgesetze werden penibel eingehalten. Dafür sorgen auch die kostspieligen **Bußgelder** für den Fall, dass sich jemand nicht daran hält.

72 [A4] **Biffi Pasticceria,** Corso Magenta, 87, www.biffipasticceria.it, Tel. 02 48006702. Altehrwürdiger Laden voller süßer Versuchungen.

73 [E4] **cioccolatItaliani (1),** Via San Raffaele, 6, Tel. 02 89093820 Tel. 02 89093820. Wie der Name erahnen lässt, dreht sich hier alles um den Genuss von Schokolade – in allen nur denkbaren Verarbeitungen! Die Website liefert einen guten Einblick in die Künste der kompetenten Chocolatiers (www.cioccolatitaliani.it). Die drei anderen Mailänder Filialen der Schoko-Feinkostkette liegen ebenfalls in von Touristen viel frequentierten Gegenden:

74 [C6] **cioccolatItaliani (2),** Via De Amicis 25, Tel. 02 89406651

75 [D5] **cioccolatItaliani (3),** Via Torino/Piazzetta San Giorgio, Tel. 02 87367438

76 [B7] **cioccolatItaliani (4),** Alzaia Naviglio Grande, 44 (Mo geschl.), Tel. 02 84575828. Tipp: Wer über den Flughafen bei Bergamo (s. S. 102) an- bzw. abreist, kann sich in der kleinen Filiale in der nahen Shoppingmall Oriocenter (s. S. 64) die ersten bzw. letzten Ciocolataitaliani-Naschereien genehmigen.

77 [C7] **Gelateria Latteneve,** Via Vigevano, 27, Tel. 02 39811258. Kleiner, äußerst beliebter Eis-Kiosk im Norden des Navigli-Viertels 31. Auch veganes Eis und eher ungewohnte Geschmacksrichtungen, z. B. Schoko-Himbeer, Limette, gesalzene Pistazie u. v. m.

78 [D6] **Gelateria le colonne,** Corso di Porta Ticinese, 75, Tel. 02 3933529911, Facebook: gelateriale colonnemilano. Ein Schwerpunkt liegt auf leckeren Crêpes – wahre Plombenzieher in Sichtweite der Porta Ticinese.

79 [bi] **Gelateria Marghera,** Via Marghera 33, Tel. 02 468641. Die von außen recht unscheinbare Eisdiele liegt zwar nicht gerade zentral, erfreut sich dafür aber eines besonders hervorragenden Rufs. Alle möglichen und unmöglichen Geschmacksrichtungen ab 2,50 € pro Portion.

80 [E4] **Grom,** Via Santa Margherita, 16, Tel. 02 80581041, www.grom.it. Berühmte Delikatessen-Gelateria in der Nähe des Domplatzes. Im Westen der Innenstadt gibt es eine weitere Filiale in der Via Alberto da Giussano, 1.

81 [C6] **MAG – Mastri Artigiani del Gelato,** Corso Genova, 26, www.gelatomag.it. Eisdiele für gehobene Ansprüche.

82 [C5] **Oasi del Gelato,** Via dei Fabbri, 26, Tel. 02 89406958. Beliebtes, 1997 eröffnetes Eiscafé an einer belebten Kreuzung im Südwesten der Innenstadt. Hier gibt es auch mit Eis gefüllte Brioche (luftige Hefeteigstückchen), Crêpes u. v. m.

Abendliche Bootsfahrt auf dem Naviglio Grande 31

015ma Abb.: fo © Mihai-Bogdan Lazar

Mailand am Abend

Ein gelungener Mailänder Abend beginnt um 18 Uhr (plus/minus 1 Stunde) mit einem Aperitivo und leckeren Häppchen, am besten vom Buffet. Typische Aperitif-Getränke sind ein Glas Wein oder ein Drink mit Campari. Der Begriff „Aperitivo" meint übrigens weniger das Getränk als vielmehr das angenehme Ambiente beim geselligen Zusammensein (nach der Arbeit) in einem Café oder einer Bar.

Die **Aperitivo-Zeit** endet meistens zwischen 21 und 22 Uhr. Oft geht sie an Ort und Stelle nahtlos in einen Show-Event oder Livemusik über. An Bars und Restaurants herrscht in Mailand definitiv kein Mangel. Die meisten sind bis etwa 1 Uhr geöffnet. Wer dann noch Energie hat, kann versuchen, sie in einer der zahlreichen Klubs und Discos loszuwerden. In den gerade angesagtesten Lokalitäten herrscht vor allem an den Wochenenden bis in die Morgenstunden Hochbetrieb.

Die Grenzen zwischen Café, Bar, Restaurant und Klub sind oft fließend. In manchen mittelgroßen Bars mit Livemusik und kleiner Tanzfläche kommt mehr Stimmung auf als in Diskotheken. Vor Mitternacht ist in den großen Klubs meistens nicht viel los.

Etablierte Hotspots des Mailänder Abend- und Nachtlebens sind die Musikkneipen des Brera-Viertels, die Bars und Tavernen an den *navigli* 31 und in deren näherer Umgebung, die Gegend entlang dem Corso Como (guter Ausgangspunkt ist z. B. das 10 Corso Como, s. S. 74) und zunehmend auch der Corso Sempione nordwestlich des Parco Sempione 20.

Tipp: Man sollte sich abends einfach eine der hier empfohlenen Bars herauspicken. Es spricht überhaupt nichts dagegen, sich dann einfach mit den meist zahlreich anwesenden freizeitwütigen Locals mittreiben

EXTRATIPP

Kubanisch qualmen in der Raucher-Lounge

Westlich der Innenstadt liegt an der Ecke eines Parks das angeblich erste Lounge- und Zigarrenrestaurant Italiens, **La Casa del Habano.** Erlesene kubanische Zigarren werden im Raucherzimmer geschmaucht, gerne zu einem Aperitif. Die angenehme Atmosphäre zieht viele Tabak-Fans und Kuba-Begeisterte an. Sonntags geschlossen.

88 [ej] **La Casa del Habano,** Via Augusto Anfossi 28, www.casadelhabano.it, Tel. 02 59900973

zu lassen. Mit einer gewissen Wahrscheinlichkeit landet man auf diese Weise auch in einem der im Abschnitt „Klubs und Discos" kurz beschriebenen Tanztempel.

Nachtleben

Die **Eintrittspreise** für Diskotheken und Klubs fallen recht unterschiedlich aus. Manchmal wird gar kein Eintritt verlangt, dafür aber ein Mindestkonsum an Getränken. In der Regel sollte man mit etwa 15 oder 20 € rechnen. Bei Sonderveranstaltungen wie Livekonzerten, Fashion Shows und Striptease kann es auch teurer werden. An Abenden ohne Special Events zahlen Frauen manchmal weniger oder gar keinen Eintritt.

Oft kann und sollte vorab **online reserviert** bzw. fest gebucht (Gästeliste) werden. Nicht selten kann in den Klubs bis zu einer bestimmten Stunde relativ spät am Abend auch diniert werden. Üblich ist die Zeitspanne von 19 bis 23 Uhr.

Bars

83 [C2] **Bar Bianco,** Parco Sempione (Viale Enrico Ibsen), Tel. 02 86992026, www.bar-bianco.com, WLAN. Mitten im Parco Sempione. Mit der Aperitivo-Happy-Hour gelingt der Start in den Mailänder Abend. Tipp: Versuchen Sie, einen Platz auf der Terrasse zu bekommen. Kinder sind ausdrücklich besonders willkommen.

› **Bar Brera** (s. S. 74). Ist eigentlich eher eine Restaurant-Pizzeria mit Bar und Betrieb bis tief in die Nacht. Natürlich gibt es auch Aperitivo. Taugt außerdem als Ausgangspunkt für Streifzüge durch Mailands Nachtleben.

84 [E3] **Bulgari Hotel Bar,** Via Privata Fratelli Gabba, 7/b, Tel. 02 8058051, http://www.bulgarihotels.com/en-us/milan/bar-and-restaurant/il-bar, WLAN. In der noblen und ziemlich kostspieligen Hotelbar sind Damen und Herren mit dem nötigen Kleingeld unter sich. Sehr gediegener Außenbereich.

85 [F3] **Caffè Hotel Baglioni,** Via della Spiga, 8, Tel. 02 77077, www.baglionihotels.com/it/regina-hotel-baglioni/ristorante/caffe-baglioni, WLAN. Im Quadrilatero d'oro könnte ein Aperitivo im äußerst noblen Café des 5-Sterne-Hotels Baglioni den krönenden Abschluss der Garderobenauffrischung bilden.

86 [B1] **Jazz Café,** Corso Sempione, 8, Tel. 02 33604039, www.ristorantejazzcafe.com, WLAN. Nicht weit vom Arco della Pace trifft man sich ab 18.30 Uhr zum *L'Aperitivo del Jazz.* Täglich bis 2 Uhr nachts geöffnet. Mix aus Restaurant, Café, Bar und Klub mit reichlich Jazz und häufigen Special Events, z. B. Cocktailmixer-Contests und Themenabende (z. B. Sushi, Brasilien, Soul). Sonntags Brunch von 11–15 Uhr.

87 [C1] **Living,** Piazza Sempione, 2, Tel. 02 33100824, www.livingmilano.com, WLAN. Traumlage mit Blick Richtung Parco Sempione und sehr elegant.

Im Winter eine reine Lounge-Bar, im Sommer mit Außenbereich. Besonders stolz ist man auf die 100 verschiedenen Wodkasorten. Cocktails ab 10 €. Eher junges Publikum.

89 [E4] **Straf Bar,** Via San Raffaele, 3, Tel. 02 805081, www.straf.it, WLAN. Nur einen Katzensprung vom Domplatz und sehr originell, denn die Bar befindet sich in der Straßenfensterfront des gleichnamigen Design-Hotels, von dem sie die Grundmaterialien übernommen hat, nämlich Zement und Industrie-Eisenpaneele.

Klubs und Discos

Wer nicht ordentlich und modisch gekleidet und frisiert bei den gerade angesagtesten Partytempeln der Stadt erscheint, muss damit rechnen, von den **Türstehern** abgewiesen zu werden. Es gilt dabei keineswegs als albern, noch lange nach Mitternacht mit Sonnenbrille im Gesicht herumzulaufen.

90 [dg] **Alcatraz,** Via Valtellina, 25, Tel. 02 69016352, www.alcatrazmilano.it. Großraumdisco mit sehr viel Platz zum Tanzen und für alle Arten von Sonderveranstaltungen – Kult-DJs aus ganz Europa, prominente Bands, aber auch Newcomer, Modeschauen, Revues, Akrobatik und viele andere Spektakel

91 **Amnesia,** Via Alfonso Gatto, Tel. 02 70100702, www.amnesiamilano.com. Etablierter, europaweit bekannter Klub. Hier lassen sich regelmäßig internationale DJ-Größen blicken. Ganz in der Nähe des Aeroporto di Milano-Linate.

92 [dh] **Hollywood,** Corso Como, 15, Tel. 02 6598996 und 02 6598996, www.discotecahollywood.com. Die Eigenbezeichnung „Rythmoteque" bringt es ganz gut auf den Punkt, denn beatlastige Sounds geben hier den Ton an. Von Hip Hop über Drum 'n' Bass bis zu lateinamerikanischem Reggaetón kommt alles auf den Plattenteller und aus den Boxen, was direkt ins Tanzbein fährt – oft verantwortet von internationaler DJ-Prominenz. Häufig Mode-Events und andere Sonderveranstaltungen.

93 [C2] **Just Cavalli Milano,** Via Luigi Camoens, Tel. 02 311817, http://milano.cavalliclub.com. An der Westseite des Parco Sempione bietet der stylishe, nach dem Florentiner Designer Roberto Cavalli benannte Klub zuverlässig leckere Küche und abwechslungsreiche Shows. Auf die Cocktailkreationen ist man besonders stolz.

94 [E4] **Le Banque,** Via Bassano orrone, 6, Tel. 02 86996565, www.lebanque.it. Schicker Klub mit großzügigem Außenbereich „Le Jardin". Exquisite Gerichte am Tisch oder Buffet sind hier genauso wichtig wie Musik und Tanzen danach. Regelmäßig verlockende Aperitivo- und Brunchangebote. Selbstbewusste Selbstbezeichnung: Show Music Restaurant.

95 [C2] **Old Fashion,** Viale Alemagna, 6, Tel. 02 8056231, www.oldfashion.it. Der „Palazzo dell'Arte di Milano Old Fashion Club" öffnete seine Pforten 1933. Seitdem hat er sich regelmäßig neu erfunden, ist dabei aber stets gediegen geblieben. Derzeit steht jeder Wochentag unter einem besonderen Motto, z. B. Hip Hop oder „International". Regelmäßig Shows und Events aller Art.

96 [eg] **Tunnel,** Via Giovanni Battista Sammartini, 30, Tel. 3318099952 (Handy), www.tunnel-milano.it. Die populäre Disco in der Nähe des Hauptbahnhofs hat ein simples Konzept: ein DJ oder eine Band und eine Halle voller Feierwütiger. Da kann nicht viel schiefgehen.

065ma Abb.: fo © Ivan Floriani

Theater und Konzerte

Ein Opernbesuch im weltberühmten **Teatro alla Scala** 9 bietet sich natürlich ganz besonders an. Theaterfreunde besorgen sich ihre Tickets schon lange vor Reiseantritt. Eine kleine Auswahl weiterer renommierter Bühnen:

- **97 TAM Teatro degli Arcimboldi,** Viale dell'Innovazione, 20, Tel. 02 641142212 und 02641142214, www.teatroarcimboldi.it. Großes, modernes Haus im Norden der Stadt.
- **98** [C4] **Teatro Litta,** Corso Magenta, 24, Tel. 02 86454545, www.teatrolitta.it. Buntes Programm mit überwiegend ambitionierten Stücken.
- **99** [F3] **Teatro Manzoni,** Via Manzoni, 42, www.teatromanzoni.it , Tel. 02 7636901. Abwechslungsreicher Spielplan in einem besonders schönen Schauspielhaus.
- **100** [C2] **Triennale Teatro dell'Arte,** Tel. 02 724341, www.triennale.it/it/teatro. Gehört zum Palazzo dell'Arte an der Westseite des Parco Sempione. Tendenziell experimentell.

Piccolo Teatro, das „Kleine Theater", wurde 1947 vom Regisseur Giorgio Strehler (1921–1997) eigentlich als Provisorium gegründet und unterhält heute mehrere hervorragende Bühnen in der Stadt. Dem Gründer lag sehr daran, Stücke nicht nur für eine Elite von (vermeintlichen) Intellektuellen zu inszenieren. Es stehen Klassiker und moderne Stücke auf dem Programm. Das Piccolo Teatro zählt zu den bedeutendsten Theatern Italiens (Infos unter www.piccoloteatro.org, Reservierungen Tel. 848800304, aus dem Ausland Tel. 0039 0242411889, Mo–Sa 9.45–18.45 Uhr, So 10–17, Tickets oft ab 15 €, manchmal noch günstiger). Bühnen:

- **101** [D4] **Piccolo Teatro Grassi,** Via Rovello, 2. In der Fußgängerzone zwischen Castello Sforzesco und Dom gelegen.
- **102** [D2] **Piccolo Teatro Strehler,** Largo Greppi, 1. 1997 eröffnetes großes Haus. Dazu gehört auch das Piccolo Teatro Studio, Via Rivoli, 6.

Weltberühmter „Musentempel": die Mailänder Scala 9

Mailand für Kauflustige

„Was man in Mailand nicht bekommt, bekommt man nirgendwo", heißt es so schön. Und tatsächlich verfügt die Stadt gleich über mehrere große Shoppingareale, von denen das Quadrilatero d'oro (wörtlich: Goldenes Viereck, Slang: „Quad") das bekannteste und spektakulärste ist. Fashionistas sind in Mailand also genau richtig. Eine Shoppingtour könnte in einem der beiden zentral gelegenen großen Kaufhäuser, La Rinascente und Excelsior, beginnen oder auch gleich ins „goldene Modeviereck" führen.

Die **Quadrilatero d'oro** 14, auch „Quadrilatero della Moda" genannt, ist eine **Shoppingzone der Extraklasse** und liegt nordöstlich des Domplatzes. Sie wird von den jeweils parallel zueinander verlaufenden Straßenzügen Via Montenapoleone/Via della Spiga und Via Manzoni/Corso Venezia begrenzt. Hier sind die ganz Großen der italienischen und internationalen Modebranche zu Hause bzw. betreiben zumindest luxuriöse Showrooms. Wie die Mode ändert sich auch ihre Präsentation laufend. Läden schließen, ziehen um oder tauschen den Standort mit einem anderen Label.

Weitere lohnende Shoppingareale sind der lebhafte **Corso Buenos Aires** [H1/2] mit Läden aller Art und die Straßen und Gassen des **Brera-** bzw. des **Navigli-Viertels** 31, die voll stilvoller und origineller Boutiquen sind. Südwestlich des Domplatzes werden Klamotten günstiger und es gibt eine bunte Palette an Outlet-Läden und Schnäppchenboutiquen. Auch Kinder stattet man dort zu kleineren Preisen aus, z. B. in der **Via Torino** [E4–D5].

Hervorragende **Designermöbel** kauft man in den Straßen nördlich des Quadrilatero d'oro, etwa in der Via Durini [F4] oder der Via Manzoni [F/F3]. Tolle **Galerien** gibt es in Mailand ebenfalls ohne Ende, ziemlich viele beispielsweise dicht gedrängt in der Fußgängerzone Via Fiori Chiari [D3–E2].

EXTRAINFO

Quittung gegen Geldwäsche

Auch Reisende sollten sich für jede Bargeldtransaktion eine **Quittung** *(ricevuta/scontrino)* **ausstellen lassen** und diese dann eine Weile aufbewahren. Hintergrund sind Maßnahmen der Obrigkeit gegen Steuerbetrug per Bargeschäft.

EXTRATIPP

Mailänder Modewochen

Was Herrenmode angeht, ist Mailand nach überwiegender Expertenmeinung noch vor Paris, New York und London das Maß aller Dinge! In der Damenmode rangiert die Stadt im globalen Fashion-Ranking nach Paris auf Platz 2.

Viermal im Jahr findet die Mailänder Modewoche **(Settimana della moda di Milano)** statt. Renommierte Label stellen dann ihre neuesten Kollektionen in sehr aufwendigen Laufstegpräsentationen vor. Verantwortet werden die Spektakel von der Camera Nazionale della Moda Italiana (www.cameramoda.it, mit weiteren Infos und Listen aktueller Events).

- Januar und Juni:
  Milano Moda Uomo (Herrenmode)
- Februar und September:
  Milano Moda Donna (Damenmode)

Luxusgeschäfte

103 [F3] **Dolce&Gabbana (1),**
Via della Spiga, 26 (Damenboutique),
Tel. 02 76001155

104 [G3] **Dolce&Gabbana (2),**
Via della Spiga, 2 (Damen-Accessoires),
Tel. 02 795747

105 [G3] **Dolce&Gabbana (3),** Corso Venezia, 15 (Herrenboutique), Tel. 02 76028485, www.dolcegabbana.it. Die sizilianischen Brüder Dolce und Stefano Gabbana sowie ihre Fans rund um den Globus mögen es tendenziell eher schrill.

106 [F3] **Emporio Armani,** Via Manzoni, 31, Tel. 02 72318600, www.emporio armani.com. Stilvolles auf höchstem Niveau. Nicht nur Mode, sondern auch Möbel und Accessoires aller Art. Das berühmte japanische Restaurant Nobu Milan (s. S. 76) residiert im selben Gebäude wie der Flagship-Store des Armani-Imperiums.

107 [F3] **Gucci,** Via Montenapoleone, 5, Tel. 02 771271, www.gucci.com. Die Kreationen von Gucci beweisen nachdrücklich, dass Stil und Glamour durchaus kombiniert werden können. Der Concept Store hat einen Ableger mit dem Schwerpunkt Accessoires in der Galleria Vittorio Emanuele II **2**.

108 [F3] **Jimmy Choo,** Via Sant'Andrea, 1A, Tel. 02 45481770. Berühmte Filiale des chinesischen Schuhdesigners. Wegen der relativ kleinen Grundfläche verteilt sich der Laden auf drei Etagen. Die günstigsten Treter kosten 300 €. Im Kaufhaus La Rinascente gibt es auch Schuhe von Choo.

109 [F3] **Miu Miu,** Via Sant'Andrea, 21, Tel. 02 76001799, www.miumiu.com. Miuccia Prada entwirft am liebsten Mode für zierliche Damen.

110 [F3] **Prada,** Via Montenapoleone, 8 (Damen), Tel. 02 7771771, und Via Montenapoleone, 6 (Herren, gleich daneben), Tel. 02 76020273, www.prada.com. Das vielleicht berühmteste Mailänder Modelabel betreibt im Quadrilatero d'oro schon vier Stores. Ein weiterer befindet sich in der Galleria Vittorio Emanuele II **2**. Weitere Filialen: Via della Spiga, 18, Tel. 02 780465; Corso Venezia, 3, Tel. 02 76001426.

Concept Stores

Concept Stores bieten Shopping-Erlebnisse, die sich nicht auf eine bestimmte Produktgruppe konzentrieren. Gerne kombinieren Sie Einkaufs-, Kunst- und kulinarische Freuden auf kleinem Raum.

› **10 Corso Como** (s. S. 74), Tel. 02 654831, www.10corsocomo.com. Die Adresse steht nicht nur für das gleichnamige schicke Café-Restaurant, sondern auch für eklektische Shoppingabenteuer mit dem Schwerpunkt Mode. Gut Betuchte nächtigen an Ort und Stelle in äußerst stylishen Suiten.

111 [G4] **Brian&Barry,** Via Durini, 28, Tel. 02 92853302, www.thebrianebarry building.it. Der direkt an der Piazza San Babila stehende 12-stöckige Shopping-Turm lockt mit allem, was das Leben schöner macht: Mode für Sie und Ihn, Acessoires, Schmuck, Kosmetik, Delikatessen und vieles mehr. Für das leibliche Wohl sorgen hervorragende Restaurants und ein Café.

Einkaufszentren/-passagen

112 [F4] **Excelsior,** Galleria del Corso, 4, Tel. 02 76307301, www.excelsiormi lano.com. Neben dem Rinascente das zweite große Spitzenkaufhaus in unmittelbarer Domnähe.

2 [E4] **Galleria Vittorio Emanuele II.** In diesem architektonischen Glanzstück findet sich eine erlesene Auswahl edler Designershops, u. a. Prada und Gucci.

113 [E4] **La Rinascente,** Piazza Duomo, Tel. 02 88521, www.rinascente.it/rinascente/it/store/12/milano. Eines der elegantesten Kaufhäuser des ganzen Landes – und das direkt neben dem Dom. Seit 1877 gehört es zu den prächtigsten Konsumtempeln der Stadt. Auf acht Etagen finden selbst anspruchsvolle Kunden alles, was man in einem Kaufhaus

Shoppingareale

Die wichtigsten Shoppingbereiche der Stadt sind im Kartenmaterial mit einer rötlichen Fläche markiert.

der Spitzenklasse erwarten darf. Große Kinderabteilung und mehrere edle Restaurants – von denen das in der obersten Etage eine ungewöhnliche Perspektive auf den Dom bietet!

Weitere Geschäfte

114 [E2] **Argenteria Dabbene,** Largo C. Treves, 2 (Ecke Via Balzan), Tel. 02 6554406, www.argenteriadabbene.com. Im Herzen des Brera-Viertels steht der Laden schon seit Ende der 1940er-Jahre für Silberarbeiten der Spitzenklasse. Schmuck und Kunstgegenstände aus anderen wertvollen Materialien runden das Warenangebot ab.

115 [E1] **Enoteca Cotti,** Via Solferino, 42, Tel. 02 29001096, www.enotecacotti.it. Eine der ersten Mailänder Adressen für Freunde leckeren Rebensaftes. Seit 1952 findet man hier ein breites Sortiment an Weinen und Spirituosen.

116 [F4] **Hoepli,** Via Ulrico Hoepli, 5, Tel. 02 864871. Italiens mutmaßlich größte Buchhandlung belegt mehrere Stockwerke und hat auch eine Abteilung für deutschsprachige Werke.

117 [E2] **Kusmi Tea,** Via Fiori Chiari, 24, Tel. 02 89093956, www.kusmitea.com. Neben dem feinen Teeladen gibt es in derselben Straße noch eine ganze Reihe weiterer Shops und Boutiquen.

118 [F3] **Miki House,** Via Montenapoleone, 8, Tel. 02 76011448, www.mikihouse.co.jp. Das japanische Label hat sich auf stilvollen Zwirn und modische Accessoires für Kinder spezialisiert. Und edle Spielsachen gibt es auch. In ganz

EXTRATIPP – Authentischer Straßenmarkt

Im Südwesten der Innenstadt findet jeden Dienstag- und Samstagvormittag an der breiten **Viale Papiniano** ein großer Straßenmarkt statt, der auf die Bedürfnisse der Einheimischen zugeschnitten ist: Kleinhändler verhökern hier weitab vom allgemeinen Touristentrubel Obst, Gemüse, Klamotten, Schuhe und Haushaltswaren aller Art.

123 [B5] **Straßenmarkt Viale Papiniano**

Westeuropa werden nur drei Miki Houses unterhalten.

119 [F4] **Milano Official Store,** Piazza San Babila, 4. Zentral gelegener Souvenirshop mit Mailand-Devotionalien aller Art.

120 [E4] **Peck,** Via Spadari, 9, Tel. 02 8023161, www.peck.it. Weltberühmtes Delikatessengeschäft mit schickem Barbereich im Obergeschoss. Kaum ein Gourmet-Wunsch, den das altehrwürdige Peck nicht erfüllt. Angeschlossen ist ein Nobel-Restaurant gleichen Namens (selbe Telefonnummer). Die Peck Italian Bar findet man ganz in der Nähe: Via Cesare Cantù 3, Tel. 02 8693017.

121 [dh] **Zàini,** Via de Cristoforis, 5 (Ecke Corso Como), Tel. 02 64914449. Ihren 100. Geburtstag zelebrierte die Mailänder Schokoladenfabrik Zàini 2013 mit einer furiosen Neueröffnung. In edlem Ambiente mit viel dunklem Holz entdecken und probieren Feinschmecker Unmengen süßer Versuchungen.

Lohnende Discount und Outlet Stores

122 [E4] **Magazzini Firme Outlet,** Via Victor Hugo (Ecke Via Orefici), Tel. 02 72008353, www.magazzini-f.com/outlet-2. Besonders großer Outlet

Store im Herzen Mailands. Damen- und Herrenmode sowie Accessoires.

124 [F4] **Temporary Touch & Go,** Corso Vittorio Emanuele, Tel. 02 89093683, www.facebook.com/touchandgostores. Die Lilla-Gruppe betreibt mehrere auf die ganze Stadt verteilte Filialen. Diese hier liegt sehr zentral und in Sichtweite der Piazza San Babila 16. In nüchternem und ziemlich vollgestelltem Ambiente zupfen Preisbewusste so manches Schnäppchen von der Kleiderstange.

› Das Outlet-Paradies **Vicolungo** liegt 60 km westlich der Metropole. Unter http://vicolungo.thestyleoutlets.it gibt es auch Infos zum täglichen Busshuttle-Service (Abfahrt Mailand 10.30 Uhr, Rückfahrt 16.30 Uhr, Buchung über www.zaniviaggi.it, Tel. 02 867131, Hin- und Rückfahrt 20 €).

Mailand zum Träumen und Entspannen

Gleich mehrere Mailänder Gegenden laden ganz besonders zum gepflegten Relaxen ein: Im **Parco Sempione** 20 gleich hinter dem Castello Sforzesco 19 lässt es sich ebenso entspannt abschalten wie in den **Giardini Pubblici** 15 nordöstlich des *centro storico*. Ob mit oder ohne Picknick bleibt jedem selbst überlassen.

Das **Navigli-Viertel** 31 ist die dritte große Chillout-Zone im Bereich der Mailänder Innenstadt, denn Stress und Hektik werden hier nicht gern gesehen. Man sollte am Hafenbecken *darsena* den Naviglio Grande entlanggehen und sich einfach nach Gefühl und Laune in die umliegenden Seitenstraßen treiben lassen, beispielsweise in das angesagte Tortona-Viertel (s. S. 51) westlich des Regionalbahnhofs Stazione Porta Genova.

Der Parco Sempione 20: Chillen mit Blick auf das Castello Sforzesco 19

018ma Abb.: js

EXTRATIPP

Einfach mal für sich sein
Niemand wird Anstoß daran nehmen, wenn man etwas Zeit für sich haben möchte, beispielsweise um in Ruhe Zeitung zu lesen oder „Leute zu gucken" – ein in Mailand oft sehr lohnender und unterhaltsamer Zeitvertreib. Besonders gut geht das auf einer der zahlreichen Bänke im **Parco Sempione** 20. Bei schönem Wetter laden die vielen Wiesenflächen auch zum Chillen oder sogar zu einem kleinen Nickerchen ein. Keine falsche Scham, viele Mailänder gehen in ihrer Mittagspause mit gutem Beispiel voran!

Wer im Süden der Innenstadt ins Grüne möchte, ist mit dem **Parco delle Basiliche** gut bedient. Parallel zum Corso di Porta Ticinese verlaufend, verbindet der gepflegte Park die Basilica di San Lorenzo Maggiore 29 mit der ein paar entspannte Gehminuten weiter südlich gelegenen Basilica di Sant'Eustorgio 30. Oasen der Ruhe findet man außerdem auch in Mailands **Thermen** und **Wellnesscentern** (s. S. 120).

Fans mittelalterlichen Ambientes werden sich die **Piazza dei Mercanti** 7 unmittelbar westlich des Domplatzes näher ansehen. Frühmorgens kann man das eindrucksvolle, uralte Gebäudeensemble am ungestörtesten genießen.

Auch ein Spaziergang durch die malerischen Gassen des **Brera-Viertels** rund um die **Pinacoteca di Brera** 17 sorgt für Entspannung. Besonders gut bummeln lässt es sich zu fast jeder Tageszeit auf der nobel gepflasterten Via Brera, die von Nord nach Süd verlaufend zur Piazza della Scala mit dem gleichnamigen Theater 9 führt.

Zur richtigen Zeit am richtigen Ort

Über das Jahr verteilt finden in Mailand unzählige Musik-, Tanz-, Theater- und Sportfestivals sowie andere wiederkehrende Veranstaltungen statt. Neben den großen Messen spielt auch der Ambrosiustag, also der besondere Festtag des Stadtpatrons Sant'Ambrogio am 7. Dezember, eine besonders herausragende Rolle. Beispielsweise beginnt an diesem Tag die Mailänder Opernsaison.

Januar

- **Corteo dei Re Magi:** Am Dreikönigstag (6. Januar), einem landesweiten italienischen Feiertag, zieht eine feierliche Prozession vom Dom zur Basilica di Sant'Eustorgio (www.santeustorgio.it/corteo_dei_magi.html).
- **Milano Moda Uomo Autunno/Inverno:** Mailänder Modewoche – Herrenmode Herbst/Winter

Februar

- **Carnevale Ambrosiano:** Mailands Karnevalsaison endet später als alle anderen, nämlich erst am Samstag nach dem Rosenmontag. An diesem Tag schlängelt sich eine lange Parade bis zum Domplatz. Eine Riesen-Gaudi, nicht nur für Kinder. Mit Gas gefüllte Plastiktiere hängen danach noch tagelang unter dem Triumphbogen der Galleria. In dem Gedränge und Geschiebe rund um die Parade sollte man besonders gut auf Wertsachen aufpassen!
- **Milano Moda Donna Autunno/Inverno:** Ende Feb. lässt die Mailänder Damenmode-Elite ihre Kreationen für Herbst/Winter über den Laufsteg stöckeln. Erhöhtes Promiaufkommen ist garantiert!

März

- **MiArt:** Renommierte Messe für zeitgenössisches Design (www.fieramilano.it).
- **Milano Internazionale Antiquariato:** Ende März/Anfang April steigt auf dem Mailänder Messegelände in allen geraden Jahren die Internationale Antiquitäten-Biennale, einer der weltweit wichtigsten Events der Branche.

April

- **Milano (City) Marathon:** An Mailands alljährlichem Stadtmarathon nehmen oft über 10.000 Läufer teil. Für 2018 ist er auf den 8. April terminiert. Dank des flachen Terrains kommt es regelmäßig zu Spitzenzeiten (www.milanomarathon.it).
- **Befreiungstag:** Jeden 25. April feiert ganz Italien die Befreiung durch die Alliierten am Ende des Zweiten Weltkriegs.
- **Salone Internazionale del Mobile:** Europas größte und bedeutendste Möbelmesse erfreut sich eines gewaltigen Andrangs.

Mai

- **Pittori sul Naviglio:** Hunderte Maler stellen ihre Werke im Navigli-Viertel aus. Infos zu diesem und anderen Navigli-Spektakeln: www.navigliogrande.mi.it.

Die Mailänder lieben ihren Karneval

Juni

- **Festa dei Navigli:** Aufregende Tage mit Konzerten, Kunstausstellungen und Antiquitätenmärkten im bunten Navigli-Viertel. Höhepunkt ist der erste Sonntag im Juni.
- **Festival Latino Americando:** Von Mitte Juni bis Mitte August steht die lateinamerikanische Kultur bei Events in der ganzen Stadt im Mittelpunkt. Besondere Highlights sind die vielen Konzerte, einige davon mit internationalen Showgrößen (www.latinoamericando.it)
- **Milano Moda Uomo Primavera/Estate:** Mailänder Modewoche – Herrenmode Frühling/Sommer

Juli

- **Estate all'Idroscalo:** Jeden Sommer ziehen diverse Großveranstaltungen Besucherscharen zum künstlichen See Idroscalo im Osten der Stadt.

EXTRATIPP

Termine

In vielen guten Hotels liegt die monatlich erscheinende Gratis-Zeitschrift **„Where Milan"** aus. Sie stellt auf rund 80 Seiten aktuelle Events und touristische Trends zusammen. Online-Ausgabe und noch mehr Infos: www.wheremilan.com.

Weitere Beispiele für informative Event-Magazine sind **„easy milano"** (engl.) und **„ExpoinCittà"**. Beide verfügen über schicke Websites: www.easymilano.it, http://en.expoincitta.com.

August

- **Ferragosto:** Der katholische Feiertag Mariä Himmelfahrt (15. August) ist ein landesweiter Feiertag, an dem es sich Italiener traditionell besonders gut gehen lassen. Da trifft es sich vorzüglich, dass für viele an diesem Tag der Sommerurlaub losgeht.

Messestadt Mailand

Mailand ist eine der wichtigsten Messestädte der Welt (Website der Mailänder Messe: www.fieramilano.com). Viele Besucher kommen nur oder vor allem wegen einer der bedeutenden Modemessen Milano Collezioni im Frühjahr und im Herbst oder wegen der fünftägigen Möbelmesse Salone del Mobile im April in die Stadt.

Letztere gilt als wichtigster Design-Event der Welt! Am Messesonntag ist das Gelände übrigens für jedermann zugänglich. Der Salone del Mobile beschränkt sich aber schon lange nicht mehr auf das eigentliche Messeareal. In der ganzen Stadt finden Parallelveranstaltungen statt und viele ehemalige Lagerhallen und Hinterhöfe werden zu Galerien und Designershops. Die Ausstellungen und Events drehen sich dabei nicht nur um Möbel, sondern auch und gerade um Livestyle-Design und Ambiente in einem erweiterten Sinn. Mailand atmet jedes Jahr auf, wenn die Besuchermassen wieder abziehen.

Ein besonderer Knüller war die Mailänder Weltausstellung Expo 2015 (www.expo2015.org, s. S. 99). Vom 1. Mai 2015 an präsentierten sich die meisten Länder der Erde ein halbes Jahr lang unter dem Motto „Den Planeten ernähren, Energie für das Leben".

EXTRAINFO

Gesetzliche Feiertage auf einen Blick

1. Januar: **Capo d'anno** (Neujahr)
6. Januar: **Epifania** (Heilige Drei Könige)
Lunedi dell'Angelo/Pasqua (Ostermontag)
25. April: **Festa della Liberazione** (Tag der Befreiung)
1. Mai: **Festa del lavoro** (Tag der Arbeit)
2. Juni: **Festa della Repubblica** (Gründung der Republik, Nationalfeiertag)
15. August: **Ferragosto** (Mariä Himmelfahrt)
1. November: **Ogni Santi** (Allerheiligen)
7. Dezember: **Fest des Stadtpatrons Sant'Ambrogio**
8. Dezember: **Immacolata Concezione** (Mariä Empfängnis)
25. Dezember: **Natale** (Weihnachten)
26. Dezember: **San Stefano** (Stephanstag)

September

› **Festival Milano:** Musik, Tanz und Theater von September bis Oktober.

› **Milano Film Festival:** Auf der „offenen Plattform für das internationale Kino" stellen Filmschaffende aus aller Welt Streifen aller Genres vor (www.milano filmfestival.it).

› **Formel 1 Grand Prix:** Im nur 20 km entfernten Autodromo Nazionale bei Monza macht der internationale Formel-1-Zirkus jeden September halt – Italiens Mekka für Ferrari- und andere PS-Fans (www.monzanet.it, mit Ticketvorverkauf).

› **Milano Moda Donna Primavera/Estate:** Top-Designer präsentieren ihre Frühling- und Sommer-Damenkollektionen für das kommende Jahr.

Oktober

› **Milano Musica:** Den ganzen Monat über und ein Stück in den November hinein dürfen neue, noch wenig bekannte Komponisten ihre Stücke in der Scala und auf anderen Bühnen präsentieren (www.milanomusica.org).

November

› **Tutti Santi:** An Allerheiligen (1.11.) finden auch in Mailand zahlreiche römisch-katholische Veranstaltungen statt. Privat begehen Italiener diesen besonderen Tag gern mit einem Festessen.

Dezember

› **Festa di Sant'Ambrogio:** Am 7. Dezember wird das Patronatsfest des heiligen Ambrosius (s. S. 45) begangen. Hotspot ist der Straßenmarkt „Oh Bej, oh Bej" bei der Piazza Sant'Ambrogio. Am selben Tag beginnt traditionell Mailands Opernsaison und die High Society findet sich im Teatro alla Scala ein.

MAILAND VERSTEHEN

003ma Abb.: js

Das Antlitz Mailands

Die **Hauptstadt der Region Lombardei** ist mit aktuell rund 1,35 Millionen gemeldeten Einwohnern die zweitgrößte Stadt Italiens. Zusammen mit den zahllosen Vororten ist die **Metropolregion Mailand** mit etwa 7 Millionen Menschen der größte Ballungsraum des Landes.

Der grobe **Aufbau der Stadt** ist denkbar simpel und leicht zu merken: Unbestrittenes Zentrum des Innenstadtbereichs ist der Domplatz. Seine nähere Umgebung bildet das *centro storico* („historisches Zentrum"). Um diesen Altstadtbereich herum gruppieren sich die Gebiete, die noch zur Innenstadt zählen und dabei alle innerhalb des Straßenrings **Cerchia dei Bastioni** (auch „Cerchia delle Mura") liegen, der in etwa dem Verlauf der Stadtmauer aus spanischer Zeit (16. Jahrhundert) folgt. Darüber hinaus gibt es noch drei weitere **wichtige Straßenringe**, die ebenfalls jeder eine wichtige historische Phase der Stadt markieren: der innere Ring Cerchia dei Navigli entlang der ehemaligen mittelalterlichen Stadtmauer, die „Viali" genannten breiten Alleen des ausgehenden 19. Jahrhunderts und der weite Autobahnring aus noch jüngerer Zeit.

Vom Stadtkern führen **Corsos genannte Alleen** in alle Richtungen aus der Stadt hinaus. Die für Reisende wichtigsten sind der Corso Venezia, der Corso di Porta Ticinese, der Corso Magenta und der Corso Vittorio Ema-

EXTRAINFO

Die Stadt in Zahlen

Einwohnerzahl: 1,35 Millionen, Provinz Mailand: 3 Millionen
Höhe: durchschnittlich 120 m über dem Meeresspiegel
Fläche der Stadt: 182 km²
Bevölkerungsdichte: rund 7000 Personen pro km²
Stadtpatron: heiliger Ambrosius von Mailand

Vorseite: Der Dom ❶ hat eine bewegte Geschichte

Hinter dem Domplatz ❶ wachsen die Wolkenkratzer heran

Mailands Stadtmauern und -tore

*Die **Stadtmauersysteme** aus der Römerzeit, dem Mittelalter und der Zeit unter spanischer Herrschaft sind nur noch an seltenen Stellen unmittelbar sichtbar. Sie haben aber unübersehbare Spuren in der Straßenführung Mailands hinterlassen.*

*Als **Mediolanum** von den Römern zur Stadt erhoben wurde, erhielt es einen rechteckigen Mauerkranz mit einer Seitenlänge von rund 700 Metern und insgesamt sechs Toren. Um das Jahr 300 wurde die Mauer erweitert und ausgebaut. An einigen wenigen Stellen sind Reste der fast 11 Meter hohen Mauer aus dem 3. Jahrhundert bis heute erhalten geblieben, zu besichtigen beispielsweise **beim Civico Museo Archeologico** (s. S. 66) am Corso Magenta.*

Ende des 12. Jahrhunderts begannen die Arbeiten an einem neuen Mauerkranz mit sieben Haupt- und einer Reihe von Nebentoren. Bemerkenswert: Bis ins 20. Jahrhundert hinein hielt sich der mittelalterliche Stadtgraben in Form eines Kanalsystems. Nach dem Ersten Weltkrieg wurde der Graben zugeschüttet und durch Straßen ersetzt.

*Die dritte und raumgreifendste Ummauerung wurde unter den Spaniern 1560 vollendet. Ende des 18. Jahrhunderts hatte Mailand dann elf Haupttore, von denen die hier **fett gedruckten** noch heute existieren:*

- ***Porta Garibaldi*** *(bis 1860 Porta Comasina)*
- *Porta Lodovica*
- *Porta Magenta (bis 1859 Porta Vercellina)*
- ***Porta Nuova***
- ***Porta Romana***
- *Porta Sempione (früher Porta Giovia) als **Arco della Pace** (s. S. 38)*
- ***Porta Ticinese*** *(unter französischer Herrschaft Porta Marengo)*
- ***Porta Volta,*** *früher Porta Tenaglia*
- ***Porta Venezia*** *(bis 1860 Porta Orientale)*
- *Porta Vigentina*
- *Porta Vittoria (früher Porta Tosa)*

020ma Abb.: fo © vpardi

nuele II. Im Zusammenspiel mit dem Cerchia die Bastioni und anderen zu ihm parallel verlaufenden Straßenringen ergibt sich damit der ungefähre Eindruck eines **Spinnennetzes** mit dem Dom als eindeutigem Zentrum.

Den nicht vorhandenen Fluss ersetzen die Kanäle des malerischen **Navigli-Viertels** im Südwesten der Stadt.

Von den Anfängen bis zur Gegenwart

Ursprünglich von Kelten gegründet, erlebte die Stadt unter den **Römern** einen raschen Aufschwung. Ende des 4. Jahrhunderts übte **Bischof Ambrosius** (Sant'Ambrogio) einen besonders nachhaltigen Einfluss auf ihre Entwicklung aus.

Die Bauwut der Adelsfamilien **Visconti** und **Sforza** prägen das Antlitz Mailands noch heute. Unübersehbare steinere Zeitzeugen sind zum Beispiel das wuchtige Castello Sforzesco 19 und der riesige Komplex Ca' Granda. Letzterer beherbergt heute unter anderem das Hauptgebäude der größten Mailänder **Universität.**

Vor allem die Sforza verpassten Mailand auch so manche Renaissance-Sehenswürdigkeit. Der Hof beschäftigte dafür unter anderem auch **Leonardo da Vinci.** Das Universalgenie lebte und wirkte rund 20 Jahre in der Stadt (s. S. 46).

KURZ & KNAPP

Der Stadtname

Alle heute gängigen Bezeichnungen gehen auf das **lateinische „Mediolanum“** zurück, was – geografisch einwandfrei zutreffend – „mitten in der Ebene“ bedeutet. Daraus wurde in heutigen Sprachen:

- Lombardisch: Milàn
- Italienisch: Milano
- Englisch: Milan

Mailands Geschichte im Überblick

Von der Antike bis zur Völkerwanderung

Schon von der vorrömischen bis zu der Zeit, die wir heute Mittelalter nennen, ging es in und um Mailand ganz schön rund. Die klimatisch und geografisch bevorzugte Gegend lockte erst keltische Siedler an, dann die Römer und schließlich zur Völkerwanderung aufgebrochene germanische Gruppen. Die für die Stadt Mailand wohl prägendste Persönlichkeit dieser 1000 Jahre umfassenden Zeitspanne war der heilige Ambrosius (339–397, s. S. 45).

ca. 400 v. Chr. (nach anderer Ansicht schon früher): Die keltischen Insubrer besiedeln die Gegend.

222 v. Chr.: Die Römer erobern die Siedlung und geben ihr den lateinischen Namen Mediolanum.

286: Mailand wird Hauptstadt der Weströmischen Reichshälfte.

313: Mit dem Mailänder Toleranzedikt wird den Christen Glaubensfreiheit garantiert.

374–397: Ambrosius übt als Mailänder Bischof großen Einfluss auf die weitere Stadtentwicklung aus.

387: Ambrosius tauft seinen Meisterschüler Augustinus – später herausragender Kirchenlehrer an der Epochenschwelle zwischen Antike und Mittelalter.

402: Westgoten belagern die Stadt.

452: Die Hunnen nehmen Mailand ein.

539: Ostgoten zerstören die Stadt mitsamt den meisten römischen Überbleibseln.

569: Die Langobarden übernehmen die Herrschaft und geben der Region ihren Namen – Lombardei.

Mailand im Mittelalter

Auch Mailands „Mittelalter" war äußerst ereignisreich. Die nachhaltigsten Vorkommnisse dieser Zeit dürften die gründliche Zerstörung der Stadt 1162 durch Kaiser Friedrich I. Barbarossa und die Idee, eine gotische Kathedrale der Superlative zu errichten, gewesen sein. Am Übergang zur „Neuzeit" beherrschten Mitglieder der Familie Visconti die Stadt.

774: Mailand wird unter Karl dem Großen Teil des Frankenreiches.

10. Jahrhundert: Die Bewohner empfinden sich mehr und mehr als „Milanesi", eine individuelle städtische Gemeinschaft mit eigenen Interessen.

1162: Die Truppen Kaiser Friedrichs I. Barbarossa zerstören große Teile der Stadt. Wenig später gründen lombardische Städte einen Städtebund unter Mailänder Führung.

1259: Der Angriff des kaisertreuen Feudalherrn Ezzelino da Romano wird erfolgreich abgewehrt.

1277: Erzbischof Visconti besiegt mit der Familie della Torre seine ärgsten Widersacher und beginnt mit dem Ausbau der Mailänder Hegemonie.

1385: Gian Galeazzo Visconti wird Alleinherrscher. Die Visconti beherrschen die Stadt bis 1447.

1388: Die Fundamente des Mailänder Doms werden gelegt.

Vom Beginn der Neuzeit bis 1900

Zu Beginn der Neuzeit wird der Visconti-Clan von den Sforza abgelöst. Die Renaissance-Fürsten fördern die Kunst im großen Stil. Ein von ihnen protegiertes Genie hinterlässt besonders viele Spuren in Mailand – Leonardo da Vinci. In den darauffolgenden Jahrhunderten haben fremde Mächte das Sagen, darunter die Habsburger, die Franzosen und die Spanier.

1450: Mailand fällt an das Geschlecht der Sforza. Die Adligen begründen den Ruf der Stadt als Perle der italienischen Renaissance und holen unter anderem Leonardo da Vinci an ihren Hof.

1515: Das Herzogtum wird Frankreichs König Franz I. zugesprochen.

1525: Mailand und ganz Norditalien fallen an das Haus Habsburg.

1556: Die Stadt geht an die von Philipp II. begründete spanische Linie der Habsburger über.

1560: Einweihung der neuen Stadtmauer. Ihre prunkvollen Tore sind größtenteils noch heute erhalten.

1704: Nach drei Jahren müssen die Franzosen Norditalien zugunsten der österreichischen Habsburger aufgeben.

1778: Einweihung des Teatro alla Scala als ein Höhepunkt der kulturellen Blüte unter Maria Theresia

1796: Napoleon erobert die Lombardei.

1815: Auf dem Wiener Kongress wird Mailand wieder Österreich zugesprochen.

1848: Das österreichische Militär schlägt den Aufstand der Cinque Giornate (fünf Tage) nieder.

1859: Mailand fällt an das Haus Sardinien-Piemont und wird Teil des Königreichs Italien.

1861: Etwa ab der Einigung Italiens beginnt für Mailand ein rasanter wirtschaftlicher Aufschwung.

1877: Mit der Galleria Vittorio Emanuele II wird die älteste überdachte Einkaufspassage der Welt fertiggestellt.

20. Jahrhundert

Nach der italienischen Einigung 1861 setzt ein rasanter wirtschaftlicher Aufschwung ein, der mit der Weltausstellung 1906 einen gefeierten Höhepunkt erreicht. Im Zweiten Weltkrieg werden große Teile der Stadt zerstört. Ab den 1950er-Jahren geht es wirtschaftlich wieder steil bergauf. An dem anhaltenden Boom wird 30 Jahre später auch ein gewisser Berlusconi mitwirken.

1906: Weltausstellung *(Esposizione internazionale del Sempione)* mit dem Themenschwerpunkt Verkehr

1922: Mailand ist der Ausgangspunkt für Mussolinis Marsch auf Rom.

1931: Einweihung des Hauptbahnhofs Stazione di Milano Centrale

1943: Das Teatro alla Scala und viele andere historische Gebäude werden bei einem britischen Bombenangriff zerstört.

1945: Mussolinis Leiche wird auf der Piazzale Loreto aufgehängt.

1950er-Jahre: Aufgrund des wirtschaftlichen Aufschwungs setzt der Zuzug von Millionen Süditalienern in die Lombardei ein.

1960: Das Pirelli-Hochhaus ist kurze Zeit das höchste Europas.

1970er-Jahre: Mailand ist Zentrum von Studentenaufständen.

1971: Mailand erreicht mit über 1,7 Millionen seine maximale Einwohnerzahl.

1980er-Jahre: Die wirtschaftliche Blüte verhilft auch Silvio Berlusconi zum geschäftlichen Durchbruch. Zwischen 1994 und 2011 wird er viermal als italienischer Ministerpräsident amtieren.

1990er-Jahre: Das Erstarken separatistischer regionaler Parteien zeigt den Unwillen des reichen Nordens, seinen Wohlstand mit den Süditalienern zu teilen.

21. Jahrhundert

Zu Beginn des Jahrhunderts prägen Aufstieg und Eskapaden des Mailänder Unternehmers und Politikers Berlusconi das Bild Italiens. 2012 wird im Stadtteil Porta Nuova das höchste Gebäude Italiens (231 m) eröffnet und 2015 richtet Mailand die Weltausstellung Expo 2015 (s. S. 99) aus. Außerdem verzeichnen Mailand und Umgebung eine vermehrte Ankunft afrikanischer Migranten, die sich oft auf der Durchreise befinden.

April 2015: Modezar Giorgio Armani eröffnet sein Fashion-Museum Armani/Silos (s. S. 66).

2015: Die Weltausstellung Expo 2015 verzeichnet über 20 Millionen Besucher.

Frühjahr 2017: Zum vierten Mal in Folge misslingt beiden großen Mailänder Klubs (s. S. 54) die Qualifikation für die UEFA Champions League.

September 2017: Bürgermeister Giuseppe Sala erwägt laut Medienberichten eine Bewerbung Mailands für die Olympischen Winterspiele 2026.

November 2017: Italien verpasst in Mailand gegen Schweden die Qualifikation zur Fußball-WM 2018.

Leben in der Stadt

Mailand ist die **zweitgrößte Stadt Italiens,** Hauptstadt der Provinz Mailand sowie der Region **Lombardei** *(Lombardia)*. Die Metropolregion Mailand ist der größte italienische Ballungsraum und zählt bei einer beeindruckend niedrigen Arbeitslosenquote zu den wohlhabendsten Gegenden Europas.

Nach der Einigung Italiens entwickelte sich Mailand ab der zweiten Hälfte des 19. Jahrhunderts zur **größten Industriestadt** des Landes. Sie ist heute die führende **Kultur-, Medien- und Modemetropole** Italiens, **Sitz der Italienischen Börse** und **eine der wichtigsten Messestädte der Welt.** Auch ihre herausragende Bedeutung als **Musik- und Theaterzentrum** ist unbestritten. Die beiden örtlichen Fußballklubs Inter und A.C. Milan (s. S. 54) gehören zu den bekanntesten Sportvereinen der Welt.

Dank seiner verkehrsgünstigen Lage in der oberitalienischen Poebene war Mailand in früheren Zeiten begehrtes Ziel von Invasoren und ist

021ma Abb.: js

heute ein wichtiger **Knotenpunkt des europäischen Verkehrsnetzes.**

Knapp 80 % der Einwohner sind Italiener, in der großen Mehrzahl Katholiken. Bemerkenswert ist die nach allen Einschätzungen sehr hohe Zahl von *clandestini,* also **nicht registrierten Ausländern** ohne Papiere – die meisten von ihnen aus afrikanischen Ländern.

Mailand ist eine **Tourismushochburg.** Die bekannteste und meistbesuchte Sehenswürdigkeit ist der Dom ❶, gefolgt von der Galleria Vittorio Emanuele II ❷ (sprich Vittorio Emanuele Secondo), die sich gleich daneben befindet. Wer diese Einkaufspassage der Extraklasse einmal der Länge nach durchschreitet, steht schon vor dem Teatro alla Scala ❾, einem der berühmtesten Opernhäuser der Welt. Auch Leonardo da Vincis Wandgemälde „Das letzte Abendmahl" in der Basilica di Santa Maria delle Grazie ㉔, die Pinacoteca di Brera ⑰ und das mächtige rote Castello Sforzesco ⑲ sind Besuchermagneten.

Abends auf dem Corso di Porta Ticinese [D5-7]

Mailand – Stadt der Wissenschaft und Bildung

Die Hauptstadt der Lombardei ist auch über ein halbes Jahrtausend nach Leonardo da Vinci (s. S. 46) ein Forschungsstandort von Weltrang. Dafür sorgen sieben Universitäten mit fast 50 Fakultäten, an denen insgesamt über 185.000 Studenten eingeschrieben sind.

Allein an der 1923 gegründeten **Universität Mailand** (Università degli Studi di Milano, kurz La Statale) unterrichten rund 2500 Hochschullehrer über 70.000 Studenten. Sie ist stolzes Mitglied der Liga europäischer Forschungsuniversitäten (LERU), die sich ausgezeichneter Lehre und international wettbewerbsfähiger Spitzenforschung verschrieben haben.

Das Hauptgebäude der Universität ist heute in der „Ca' Granda" (eigentlich Casa Grande, also großes Haus) untergebracht. Der Mailänder Edelmann Francesco Sforza ließ diesen mächtigen Bau Mitte des 15. Jahrhunderts südlich der Chiesa di San Bernardino alle Ossa ❺ als „Ospedale Maggiore" (Großes Hospital) errichten.

Die **Technische Hochschule** (Politecnico di Milano) nahm ihren Betrieb 1863 auf und ist damit die älteste Universität Mailands. Von der Zahl der Studenten her ist sie die größte Technische Universität Italiens.

Die **Katholische Universität vom Heiligen Herzen** (Università Cattolica del Sacro Cuore) ist mit etwa 42.000 immatrikulierten Studenten an fünf Standorten die größte private Universität Europas und die größte katholische Universität überhaupt. Ihren Sitz hat sie in Mailand und zwar unmittelbar neben der Basilica di Sant'Ambrogio 27.

Hinzu kommen eine ganze Riege bekannter Akademien und Kunsthochschulen, darunter die 1776 von der österreichischen Kaiserin Maria Theresia gegründete Mailänder **Akademie der Schönen Künste** (Accademia di Belle Arti) im Stadtteil Brera. Dort ist sie im selben Palazzo untergebracht wie die weltberühmte Pinacoteca di Brera 17.

Das Mailänder **Konservatorium** existiert seit 1807 und ist mit 1700 Studenten die größte Musikhochschule Italiens. Peinlich: 1832 lehnten die Profimusiker dort mit Giuseppe Verdi (s. S. 26) ausgerechnet den Komponisten als Schüler ab, der auch und gerade an der Mailänder Scala 9 eine ganze Serie von Welterfolgen feiern sollte.

Die zahlreichen **Designschulen** schließlich machen Mailand zur Hauptstadt italienischer Kreativität und das studentische Flair hat für Mailand-Besucher einige praktische Vorteile. So sorgen die vielen jungen Leute nicht nur für eine lockere, weltoffene Atmosphäre, sondern auch für bezahlbare Preise in den Cafés und Bars in der Umgebung der großen Hochschulen.

Die Mailänder

Mailand ist nicht Italien und hat mit Apulien und Sizilien weniger gemeinsam als mit der Schweiz und Österreich. Davon sind die Mailänder selbst am meisten überzeugt. Für sie ist Mailand nicht nur die wahre Hauptstadt, sondern auch die italienische Stadt mit der großartigsten Zukunft. Man ist der Meinung, das durch die Ausrichtung der **Expo 2015** (s. S. 99) aufs Neue bewiesen zu haben.

Besucher, die das erste Mal in die Stadt kommen, empfinden Mailand oft als **laut und hektisch.** Das selbstbewusste Auftreten vieler Mailänder kommt bei ihren Landsleuten nicht immer nur gut an. **Kritische Stimmen** bescheinigen den stolzen *Milanesi* denn auch einen gewissen Hang zur übertriebenen Selbstinszenierung und Hochnäsigkeit. Allerdings sind sich Mailänder und ihre Landsleute wieder sehr einig, wenn es um die Benennung einiger **Vorlieben** geht, die für Mailänder Lebensart stehen und viele seiner Bewohner eint: Da wäre der Kult um den oft abendfüllenden Aperitivo (s. S. 71), die heiße Liebe für Inter und A.C. Milan, die beiden Top-Fußballklubs der Stadt, kulinarische Genüsse wie Panettone, Mailänder Kalbsbeinscheibe und gelbes Risotto und natürlich die Begeisterung für Mode, Design und alle anderen Dinge, die das Leben verschönern. Das inoffizielle italienische Daseinsmotto **„piacere di vivere"** (schwer ins Deutsche zu übersetzen, sinngemäß: das Geschenk des Lebens genussreich zelebrieren) gilt auch und gerade in der schicken Hauptstadt der Lombardei.

Ihre sprichwörtliche **Hartnäckigkeit** haben Mailänder mit dem Dombau eindrucksvoll bewiesen – denn dieser zog sich über sechs Jahrhunderte hin.

Drei Fragen an einen typischen Mailänder

Francesco, was haltet ihr jungen Mailänder vom Tourismus-Boom?

Naja, wir sehen den Ansturm ehrlich gesagt differenziert. Zum einen kommt Geld in die Stadt und viele Besucher bedeuten wohl auch hohes Prestige. Auf der anderen Seite hat uns der Tourismus ganz schön die Preise verdorben, vor allem in der Innenstadt. Das ist auch einer der Gründe, weshalb man auf dem Domplatz keine „normalen" Mailänder treffen wird, schon gar nicht am Wochenende.

Was machen Mailänder am Wochenende?

Jeder, der es sich leisten kann, fährt mit der Familie oder Freunden raus aus der Stadt, am besten in die Berge oder im Sommer auch an die Küsten. Ein oder zwei Stunden und schon ist man da. Die Anhänger unserer beiden weltberühmten Fußballklubs zieht es ins Stadion und das jährliche Formel-1-Rennen in Monza ist natürlich „unser" Rennen! Die meisten Italiener, die am Wochenende durch die Innenstadt bummeln oder unsere großen Kaufhäuser stürmen, sind Touristen.

Was ist in Mailand anders als im Rest der Welt?

Wir sind nicht das, was Nordeuropäer für „richtige" Italiener halten. Wir sind „Milanées" mit eigener Identität und eigenem Charakter. In unserem Dialekt, den leider immer weniger Leute vernünftig beherrschen, bezeichnen wir uns auch als „Meneghit". Der Rest Italiens nennt uns „Milanesi". Wir grenzen uns gern in alle Richtungen ab: Von unseren Erzrivalen in Turin, vom armen Süditalien und natürlich auch gegenüber euch Nordlichtern. Touristen, die unmodisch oder gar stil- und geschmacklos gekleidet hier erscheinen, dürfen sicher sein, von uns aufrichtig bedauert zu werden.

Was blieb von der Expo 2015?

Nach der „Esposizione internazionale del Sempione" im Jahr 1906 richtete Mailand 2015 zum zweiten Mal eine Weltausstellung aus. Bestimmendes Thema der Veranstaltung zu Beginn des technologieversessenen 20. Jahrhunderts war der Verkehr. Das einzige noch erhaltene Gebäude der Weltausstellung von 1906 ist das Acquario Civico **21**.

Das Motto der Expo 2015 lautete **Feeding the Planet, Energy for life** („Den Planeten ernähren, Energie für das Leben"). Zentraler Ansatz war, Technologie, Innovation, Kultur, Tradition und Kreativität mit den globalen Themen Ernährung und Nahrung zu verbinden und so ökologisch nachhaltige Lebensentwürfe zu stärken.

Entgegen allen politischen und organisatorischen Querelen im Vorfeld kann Mailand die Expo 2015 als Erfolg verbuchen. Viele Milliarden Euro flossen zur Vorbereitung des Riesenevents in die Stadt und die Region – nach Meinung vieler Mailänder war das allerdings eher ein Rückfluss, schließlich ist das Steueraufkommen hier erheblich höher als in anderen Landesteilen.

Man begrüßte über 20 Millionen Gäste aus aller Welt. Besonderer Be-

KURZ & KNAPP

Die Expo 2015 in Zahlen

- **Dauer:** 1. Mai bis 31. Oktober 2015
- **Ausstellungsfläche:** rund 200 ha
- **Besucher:** 21–22 Millionen
- **Ausstellende Länder:** 145

liebtheit erfreuten sich u. a. die asiatischen Ausstellungspavillons und diejenigen der deutschsprachigen Länder. Die Massen besuchten aber nicht nur das riesige neu geschaffene **Messegelände in den Vororten Rho und Pero** nordwestlich von Mailand, sondern belebten auch die Innenstadt.

Die Investitionen kamen dort dem Ausbau von Metro und Radwegen und vielen anderen Infrastrukturmaßnahmen zugute. Der neue Schwung führte zu zahlreichen Renovierungen bzw. Neueröffnungen von Restaurants, Cafés usw. Und es gab kaum ein Museum oder Theater, das für die sechsmonatige Expo-Zeit nicht etwas Besonderes arrangiert hatte.

Expo-Besuchermagnete im Zentrum waren u. a. die beiden großen weißen Pavillons des „Expo Gate" zwischen dem Castello Sforzesco (19) und der Piazza Largo Cairoli [D3] – einer Plattform für multimedialen und interdisziplinären Austausch mitsamt repräsentativer Bühne.

Das Ziel, mithilfe der Expo Mailands **Anziehungskraft und Profil als vitale Weltstadt** zu schärfen, wurde erreicht und der Werbeeffekt, den die Veranstaltung für die Stadt als Touristenziel und Messestandort brachte, kann kaum überschätzt werden.

Viele **städtebauliche Projekte** konnten mit dem Rückenwind der Expo beschleunigt werden, z. B. durften die drei Top-Architekten Daniel Libeskind, Zaha Hadid und Araka Isozaki im Zuge des „Projekt City Life" (www.city-life.it) für das ehemalige Messegelände in Innenstadtnähe jeweils einen hochmodernen Wolkenkratzer entwerfen („Tre Torri" – zu Deutsch „drei Türme"). Seit Ende 2015 ist das Areal an die Metrolinie M5 angeschlossen.

Außerdem hat man die **Kanäle und das Hafenbecken** herausgeputzt. Die alten Wasserwege sollen rasch wieder etwas von ihrer früheren Bedeutung zurückerhalten. Am sichtbarsten ist die Verschönerung des historischen Hafenbeckens „darsena", in dem die beiden großen Kanäle Naviglio Grande und Naviglio Pavese (31) einander begegnen. Noch wenige Jahre vor der Expo in einem erbarmungswürdigen Zustand, zieht das renovierte Areal mit Grünflächen, Läden und Lokalen jetzt Erholungssuchende an.

Ein wenig **ökologischer** wurde die Stadt auch, etwa durch die Begrünung von Hochhäusern. Ein interessantes Beispiel dafür ist der „Bosco Verticale" (zu Deutsch „senkrechter Wald"), ein Projekt nahe der Stazione Garibaldi [dh] im Norden des Zentrums, das Büsche und Bäume auf die Balkone und Dächer von Wohntürmen bringt.

Nicht zu unterschätzen sind die mittelbaren Auswirkungen der Expo-Planung und -Realisierung für die Stadt und ihre Bewohner: Das **Selbstverständnis der Mailänder**, in der heimlichen Hauptstadt Italiens zu leben, hatte in den Jahren zuvor spürbar gelitten. Rom holte ökonomisch auf und viele regionale Metropolen konnten mehr aus sich machen – allen voran Turin, das mit den Olympischen Winterspielen 2006 eine sehr gelungene internationale Großveranstaltung ausgerichtet hatte.

- **Infos:** www.expo2015.org (Italienisch)

PRAKTISCHE REISETIPPS

005ma Abb.: js

An- und Rückreise

Sowohl **Mailand** als auch **Bergamo** sind aus Deutschland, Österreich und der Schweiz hervorragend per Flugzeug, Zug bzw. mit dem eigenen Fahrzeug zu erreichen.

Mit dem Flugzeug

Drei internationale Flughäfen befinden sich in der näheren Umgebung Mailands: Der **Aeroporto di Milano-Malpensa** (MXP, www.milanomalpensa-airport.com), wird als zweitgrößter Verkehrsflughafen Italiens mehrmals täglich von vielen europäischen Städten aus angeflogen. Er liegt 50 km nordwestlich der Innenstadt. Um in Mailands Zentrum zu gelangen, gibt es mehrere Möglichkeiten. Sehr empfehlenswert ist die **Buslinie Malpensa Shuttle**, die den Flughafen rund um die Uhr ein- bis dreimal pro Stunde zu vernünftigen Preisen mit der Innenstadt verbindet.

Erwachsene zahlen einfach 10 €, Kinder bis einschließlich 12 Jahren 5 €. Wer Hin- und Rückfahrt als Kombiticket *(andata e ritorno)* erwirbt, zahlt als Erwachsener nur 16 €. Für Kinder gibt es nur One-Way-Fahrkarten. Der Bus hat mehrere Haltestellen. Die für Touristen interessantesten sind der Regionalbahnhof Cadorna beim Castello Sforzesco 19 und die Stazione Centrale (Hauptbahnhof) 32. Der Shuttlebus **Autostradale** (www.autostradale.it) bietet in etwa die gleichen Konditionen und zirkuliert zwischen 6 Uhr und 0.30 Uhr.

Eine Alternative ist der Zug **Malpensa Express** (www.malpensaexpress.it), der von ca. 5.30 Uhr bis gegen 1.30 Uhr alle 30 Minuten über den Regionalbahnhof Cadorna zur Stazione Centrale startet und 12 € kostet. Eine **Taxifahrt** in die Innenstadt ist mit mindestens 85 € ziemlich kostspielig.

Auch der **Aeroporto di Milano-Linate „Enrico Forlanini“** (LIN, www.milanolinate-airport.com) ist hervorragend in das europäische Fluglinienetz eingebunden. Der **Stadtbus 73** verbindet den Airport mit dem nur 7 km entfernten Zentrum Mailands. Für 1 Euro bringt er Reisende in etwa 30 Minuten zur U-Bahn-Station San Babila 16. Eine Fahrt mit dem **Flughafenbus** (www.autostradale.it) kostet 5 Euro (hin- und zurück 9 €) und dauert bis zum Hauptbahnhof etwa 25 Minuten. Der erste startet um 7.45 Uhr, der letzte um 22.45 Uhr. Eine **Taxifahrt** in die Stadt schlägt mit mindestens 40 € zu Buche.

Der kleinere Flughafen **Aeroporto di Bergamo-Orio al Serio** (BGY, www.orioaeroporto.it) liegt etwa 50 km nordöstlich von Mailand bei **Bergamo** 37 und wird vorzugsweise von Billigfliegern angesteuert. Diese bieten vor allem in der Nebensaison Sitzplatzkontingente zu unschlagbaren Preisen an. Während der Onlinebuchung kommen allerdings oft Kosten für Gepäck, Kreditkartenzahlung o. Ä. dazu.

Wer seinen Aufenthalt nicht mit einer Shuttlebusfahrt im Berufsverkehr nach Mailand beginnen möchte und vielleicht sowieso vorhat, sich auch Bergamo anzusehen, kann mit dem **Airport Bus** (20-Minuten-Takt) für 2,10 € zum Hauptbahnhof in der Unterstadt von Bergamo fahren. Für Gepäckstücke, die von der Größe her über Handgepäck hinausgehen, be-

◁ *Vorseite: Auf zwei Rädern kommt man manchmal schneller voran*

nötigt man ein zweites Ticket. Nach der Besichtigung der Altstadt und einem kleinen Imbiss kann es dann mit dem Regionalzug für rund 5 € staufrei weiter nach Mailand gehen.

Wer statt nach Bergamo gleich nach Mailand möchte, wählt einen **Shuttlebus**, beispielsweise den von Autostradale, der derzeit (Herbst 2017) mit einem Kampfpreis von 5 € lockt (hin- und zurück 9 €, www.autostradale.it). Zwischen 7.45 Uhr und 0.15 Uhr startet grundsätzlich alle 30 Minuten einer zur Stazione Centrale (Hauptbahnhof). Die Fahrtzeit beträgt bei günstigen Verkehrsverhältnissen etwa 60 Minuten, im Berufsverkehr und bei Stau wesentlich länger. Es gibt weitere Bustransferanbieter, z. B. Terravision (www.terravision.eu), die ähnliche Konditionen bieten. **Taxifahrten** nach Mailand sind mit mindestens 100 € oft teurer als der Billigflug, mit dem Reisende den Bergamasker Flufghafen Orio al Serio für gewöhnlich ansteuern.

Flugpreise

Ein **Economy-Ticket** von Deutschland, Österreich und der Schweiz nach Mailand und zurück ist mit etwas Rechercheaufwand und Glück für unter 150 € zu haben (inkl. aller Steuern, Gebühren und Entgelte). Wesentlich teurer ist es zu Ferienzeiten, z. B. um Ostern. Die Flugpreise können dann auch über 300 € liegen. **Billigfluglinien** bieten gelegentlich Schnäppchen im Bereich 15 bis 50 € (Endpreis einfache Strecke) an – normalerweise exklusive Gepäck.

Wer sich erst im letzten Augenblick für eine Reise nach Mailand entscheidet oder gern pokert, kann Ausschau nach **Last-Minute-Flügen** halten. Sparfüchse achten auf spezialisierte Restplatzangebote.

EXTRAINFOS

Bus zum Rückflug

Gelegentlich verpassen Mailand-Reisende ihren Rückflug, weil sie den vermeintlich letztmöglichen Transferbus zum Flughafen nehmen. Zum Airport Malpensa beispielsweise benötigt dieser selbst unter günstigen Verkehrsbedingungen ca. eine Stunde. Dabei ist zu beachten, dass beide Terminals angefahren werden und dazwischen noch einmal mindestens zehn Minuten vergehen. Bei zähen Verkehrsverhältnissen oder einem der in der Metropolregion recht häufigen Staus schaut man seinem Flieger dann von der Autobahn aus hinterher oder bekommt „The gate is closed“ zu hören. So schwer es auch fällt: Lieber etwas früher von Mailand losreißen und einen Bus vorher nehmen.

Weiter in Mailands Innenstadt

Egal, wohin in Mailand der Transfer führt, man befindet sich in jedem Fall in der Nähe einer **U-Bahn-Station,** die einen zuverlässigen und kostengünstigen Anschluss an die Innenstadt sichert. Ein Ticket für eine einfache Fahrt kostet 1,50 € (s. S. 127).

Mit dem Zug

Der Mailänder **Hauptbahnhof** 32 ist als besonders wichtiger Knotenpunkt Oberitaliens hervorragend an das internationale Schnellzugstreckennetz Europas angebunden. Eine **ICE-Verbindung** benötigt beispielsweise ab Frankfurt am Main im günstigsten Fall weniger als acht Stunden nach Mailand (ICE bis Basel).

Sehr interessant ist die Direktverbindung ab München mit dem **City Night Line** (mit Liege- und Schlafwagen, reservierungspflichtig). Die Abfahrt ist ca. 21 Uhr, die Ankunft in

037ma Abb.: js

Mailand 9.30 Uhr. Unter Umständen ist es preisgünstiger, Bahnverbindungen über www.trenitalia.com zu buchen. Es kann sich lohnen, mit großzügigem zeitlichen Vorlauf nach Sonderangeboten zu fahnden.

Tipp für Sparfüchse mit üppigem Zeitbudget, denen mehrfache Umstiege nichts ausmachen: Ein 39,90€-Ticket für die Europa-Spezial-Verbindung der Deutschen Bahn nach Chiasso in der Schweiz (alternativ auch Bellinzona oder Lugano) bekommt man oft auch noch kurzfristig, z.B. ab München. Wer die BahnCard 25 hat, erhält auf diesen Kampfpreis noch einmal 25% Rabatt. Von Chiasso sind es dann nur noch 60km bis Mailand. Wer auch auf dieser Weiterfahrt sparen möchte, besorgt sich noch in der Schweiz eine italienische Nahverkehrs-Bahnkarte nach Mailand.

Achtung: Ab der italienischen Grenze gelten für Züge oberhalb der Nahverkehrslinien oft Reservierungspflichten – ein Grund mehr, ab Chiasso auf die Lokalbahn zu vertrauen. Tickets dafür gibt es im Tessin am Automaten, und zwar auch gegen Euro.

Spielen **Zeit und Geld keine große Rolle**, kann ein Teilstück der Zugfahrt nach Mailand auch mit der Rhätischen Bahn übers Engadin und den Berninapass bis Tirano und dann weiter durchs Veltlin und am Comer See vorbei zurückgelegt werden. Die Fahrt mit der Schmalspurbahn garantiert ein unvergessliches Reiseerlebnis!

Am Mailänder Hauptbahnhof kreuzen sich die **U-Bahn-Linien** M2 und M3. Mit der M3 erreicht man innerhalb weniger Minuten den Domplatz, mit der M2 den Regionalbahnhof Cadorna beim Castello Sforzesco 19. Ein Ticket für eine einfache Fahrt kostet jeweils 1,50€ (s.S. 127).

› **Telefonische Zugauskunft in Italien:** Tel. 892021 (aus dem Ausland Tel. 00390668475475)

Mit dem Fernbus

Busreisen nach Mailand werden von verschiedenen Veranstaltern angeboten und sind unter Umständen preisgünstiger als Flugzeug oder Bahn.

› www.busliniensuche.de

Mit dem eigenen Auto

An Wochenenden und rund um Ferienbeginn bzw. -ende sind die Autobahnen über die Alpen chronisch überlastet, ganz besonders tagsüber. Ein Ausweichen auf Landstraßen bringt meistens nichts. Für Österreich und die Schweiz benötigt man eine **Autobahnvignette.** Auch die meisten **italienischen Autobahnen sind mautpflichtig.** Die Maut *(pedaggio)* kann stets bar bezahlt werden. Oft werden auch Bank- und Kreditkarten akzeptiert. Preisbeispiel: Von der Schweizer Grenze fällt bis nach Mailand eine Mautgebühr von 3,90 € an (Stand: Ende 2017).

Um nach Italien zu fahren, reicht der nationale **Führerschein** aus. Die **grüne Versicherungskarte** erleichtert eine etwaige Unfallabwicklung. Wie im Heimatland sind stets **Fahrzeugpapiere** mitzuführen.

Autofahren

In Mailands Innenstadt mit dem eigenen Auto umherzufahren, ist so unnötig wie stressig und daher nicht empfehlenswert.

Für Reisende, die dieses Abenteuer dennoch wagen möchten oder müssen, sind hier einige wichtige Hinweise für Autofahrten in und nach Mailand aufgeführt:

- Die **Promillegrenze** liegt bei 0,5 bzw. bei 0,0 für Fahrer, die ihren Führerschein seit weniger als drei Jahren haben.
- In den **Kreisverkehr** einfahrende Fahrzeuge haben grundsätzlich Vorfahrt vor den Fahrzeugen im Kreisverkehr. Beschilderung beachten!
- Tagsüber müssen außerhalb von Ortschaften **Abblendlicht** bzw. **Tagfahrleuchten** eingeschaltet sein.
- Wer bei Unfällen und Pannen außerhalb von Ortschaften das Fahrzeug verlässt, muss eine **Warnweste** anziehen. Um Bußgelder zu vermeiden, sollten immer welche im Fahrzeug sein.
- Die Strafen für **Verkehrsdelikte** sind erheblich höher als z. B. in Deutschland. Bußgelder werden hartnäckig eingetrieben – auch im Herkunftsland.

EXTRAINFO

Besondere Verkehrszeichen (Auswahl)

Deviazione	Umleitung
INIZIO Zona tutelata	Beginn Parkverbot
Rallentare	langsam fahren
Sbarrato	gesperrt
Senso unico	Einbahnstraße
Zona a Traffico Limitato – ZTL	verkehrsbeschränkte Zone
Zona di silenzio	Hupverbot

Umweltzone

Wie in italienischen Großstädten üblich, wurden auch in Mailand **verkehrsbeschränkte Zonen** *(ZTL, Zona a Traffico Limitato)* eingerichtet. Die Missachtung der Einfahrverbote (Kameraüberwachung!) zieht empfindliche Bußgelder nach sich. Wer eine Unterkunft in der Innenstadt bucht und mit dem eigenen Fahrzeug anreisen möchte, erkundigt sich sicherheitshalber nach eventuellen Fahrverboten und Parkmöglichkeiten. Manche Hoteliers können befristete Einfahrtsgenehmigungen ausstellen.

Für die sogenannte **Umweltzone AREA C** innerhalb des Stadtmauerrings *Cerchia dei Bastioni* gelten Mo

◁ Monumentalarchitektur im Mailänder Hauptbahnhof 32

066ma Abb.: js

Mailänder Parkautomaten akzeptieren oft auch Kartenzahlung

bis Mi und Fr von 7.30 bis 19.30 sowie Do von 7.30 bis 18 Uhr Einfahrbeschränkungen. Zu diesen Zeiten dürfen folgende Fahrzeuge überhaupt nicht einfahren: Benziner Euro 0, Diesel Euro 0 bis einschließlich 3, Fahrzeuge und Gespanne über 7,5 Meter Länge. Alle anderen Vehikel zahlen eine Art „Citymaut“: Sie brauchen für die Einfahrt nämlich den sogenannten **AREA C Pass** (Tagespass Standard). Diesen bekommt man für 5 € in Tabakläden (*tabacchi*, erkennbar an einem großen schwarzen „T“), an Kiosken, an den ATM Points (Automaten) des öffentlichen Nahverkehrs, an Parkscheinautomaten und an den Schaltern und Automaten der Banca Intesa. Achtung, der Pass **muss aktiviert werden!** Dafür gibt es zwei Möglichkeiten:

- per SMS an die Nummer +393399940437 mit einem Text nach folgendem Muster: PIN.AUTOKENNZEICHEN (PIN steht auf dem Pass)
- über das Call Center: Tel. 800437437

Wer den Pass an Parkscheinautomaten oder bei der Banca Intesa erwirbt, braucht sich nicht um die Aktivierung zu kümmern. Denn diese erfolgt automatisch im Moment der Bezahlung. Folgende Fahrzeuge haben **stets freie Einfahrt:** Motorräder und Fahrzeuge mit Elektro-, Hybrid-, Bifuel-, Erdgas- und LPG-Antrieb.

- **Weitere Infos:** www.comune.milano.it/areac

Parken

Während der **Hochsaison**, ganz besonders zu Messezeiten, ist es alles andere als ein Vergnügen, mit dem Auto nach Mailand zu reisen. Versuche, die Stadt mit dem eigenen Fahrzeug zu erkunden, scheitern am zähen Verkehrsfluss, ausgebuchten Parkhäusern, den vielen Verkehrsbeschränkungen und anderem Ungemach.

Anders in der **Nebensaison.** Während man in der Metropole weilt, kann der Wagen ab ca. 20 € pro Tag (über Nacht ab ca. 40 €) in ein Parkhaus gestellt werden. Vor allem auf Ausflügen, etwa nach Bergamo oder zu den oberitalienischen Seen, zahlt sich die automobile Flexibilität dann aus.

Parken an der Straße ist im Innenstadtbereich kostenpflichtig. Typischerweise zahlt man von 8 bis 19 Uhr ca. 1,30 €/Stunde.

Wer mit festen Plänen nach Mailand reist, kann auf eines der spezialisierten **Parkhaus-Portale** vertrauen, beispielsweise www.myparking.eu/parcheggio_milano.php, und dort auch gleich online buchen. Hier die Daten empfehlenswerter **Parkhäuser:**

P125 [G1] **Machiavelli Parking,** Via Camillo Finocchiaro Aprile, 1, zwischen Stazione Centrale 32 und den Giardini Pubblici 15

Möchte man näher am Hauptbahnhof 32 parken, bietet sich an:

P126 [eh] **3f Central Parking,** Via Fabio Filzi, 43

Und wer außerhalb der Innenstadt parken will oder (staubedingt) muss, ist ostwärts Richtung Idroscalo 36 unweit der Autobahn A51 mit folgendem Parkhaus gut beraten:

P127 [fi] **SuperGarage Ardenza,** Via Giacomo Zanella, 49

Tipp für eine **kostenlose** Parkmöglichkeit in Mailands Norden:

P128 [dg] **Parkfläche an der M3-Station Maciachini,** Viale Edoardo Jenner (Ecke Via Resegone). Auf dem länglichen Gelände inmitten der vierspurigen Straße ist Platz für einige Dutzend Pkw.

Wer in Mailand falsch parkt, muss mit saftigen **Strafzetteln** rechnen. Das Bußgeld kann auch im Heimatland eingetrieben werden. Möglicherweise wird das Fahrzeug aber auch bis zur Bezahlung mit einer massiven Kralle „stillgelegt" – oder abgeschleppt.

Mietwagen

An Mietwagenfirmen besteht kein Mangel. Um einen Leihwagen zu bekommen, muss man in aller Regel **mindestens 21 Jahre** alt und seit wenigstens einem Jahr im Besitz des Führerscheins sein. Außerdem sollte für Bezahlung und Hinterlegung der Kaution eine gängige **Kreditkarte** vorgelegt werden können. Über Online-Vergleichsportale können Preise und Mietbedingungen abgeglichen werden. An einem umfangreichen **Versicherungsschutz** sollte nicht gespart werden.

EXTRAINFO

Pannenhilfe

Die deutschsprachige Pannenhilfe erreicht man unter der Telefonnummer 03921041, den regulären Pannendienst des Automobile Club d'Italia (ACI) unter der 803116.

Barrierefreies Reisen

In Sachen barrierefreies Reisen hat sich in Mailand zuletzt einiges getan – auch im Zuge der Besucherströme anlässlich der **Expo 2015** (s. S. 99). Auf der Website **www.milanopertutti.it** (Italienisch und Englisch) findet man Infos zu barrierefreien Unterkünften, Sehenswürdigkeiten etc.

Der **Dom** 1 und die meisten anderen Kirchen können auch von Rollstuhlfahrern problemlos besichtigt werden. Mailands wohl zweitwichtigstes Gotteshaus, die **Basilica di Sant'Ambrogio** 27, verfügt über einen rollstuhlgerechten Extra-Eingang. Die **Metrolinien M3 und M5** sind durchweg barrierefrei gestaltet, genau wie viele zentrumsnahe Stationen der Linien M1 und M2.

Menschen, die in ihrer Mobilität eingeschränkt sind oder anderweitig Unterstützung benötigen, können sich in aller Regel auf die Hilfsbereitschaft der Mailänder verlassen.

Diplomatische Vertretungen

In Deutschland, Österreich, der Schweiz

› **Italienische Botschaft in Deutschland,** Hiroshimastraße 1, 10785 Berlin, Tel. 0049 (0)30 254400, www.ambberlino.esteri.it

› **Italienische Botschaft in Österreich (Konsularabteilung),** Rennweg 27, 1030 Wien, Tel. 0043 (0)1 7135671, www.ambvienna.esteri.it

› **Italienische Botschaft In der Schweiz (Konsularabteilung),** Willadingweg 23, 3006 Berna, Schweiz, Tel. 0041 (0)31 3901010, www.ambberna.esteri.it

In Italien

•**129** [E1] **Deutsches Generalkonsulat Mailand,** Via Solferino, 40, 20121 Milano, Tel. 0039 026231101, www.mailand.diplo.de

•**130** [F4] **Österreichisches Generalkonsulat Mailand,** Piazza del Liberty, 8/4, 20121 Mailand, Tel. 02783743, www.bmeia.gv.at/botschaft/gk-mailand

•**131** [F2] **Schweizer Generalkonsulat in Mailand,** Via Palestro, 2, 20121 Milano, Tel. 0039 027779161, www.eda.admin.ch/milano

› **Deutsche Botschaft in Rom,** Via San Martino della Battaglia, 4, 00185 Roma, Tel. 0039 06492131, www.rom.diplo.de

› **Österreichische Botschaft in Rom (Konsularabteilung),** Viale Bruno Buozzi, 111, 00197 Roma, Tel. 0039 068418212, www.bmeia.gv.at/it/roma

› **Schweizer Botschaft in Rom,** Via Barnaba Oriani, 61, 00197 Roma, Tel. 0039 06809571, www.eda.admin.ch/roma

Geldfragen

An den meisten Mailänder Bankautomaten können Reisende Bargeld mit der Kredit- oder Bankkarte (Maestro und/oder V Pay) abheben. Sowohl Bank- als auch Kreditkarten können sehr oft direkt als Zahlungsmittel eingesetzt werden.

Preisniveau

Mailand ist ein vergleichsweise **kostspieliges Reiseziel.** Das Preisniveau bewegt sich in etwa auf dem von München. Dickster Kostenpunkt ist die Übernachtung. Oft gestaltet es sich schwierig, eine Unterkunft für unter 50 € pro Person zu bekommen. Nach oben ist die Preisskala dafür offen. Die weiteren Kosten sind natürlich nicht verallgemeinerbar. Ganz grob kann gelten, dass für preisbewusste Reisende noch einmal 35 bis 50 € pro Tag dazukommen dürften. Mailand-Besucher, die nicht auf ihre Ausgaben achten müssen, werden in den Edelboutiquen, Fashion Flagstores und Spitzenrestaurants aber auch ohne Weiteres das Zehn- oder Hundertfache los.

Reisende aus der EU, die unter 18 Jahre alt sind, zahlen bei vielen Sehenswürdigkeiten nur einen **reduzierten Eintrittspreis** – oder oft auch gar nichts. Meistens gibt es gestaffelte Reduzierungen, das heißt, dass beispielsweise Teenager kostengünstiger in ein Museum dürfen als Erwachsene und Kleinkinder gar nichts zahlen müssen. Auch junge Erwachsene (bis etwa 25 oder 26 Jahre) sowie Seniorinnen und Senioren erhalten manchmal Vergünstigungen – dann allerdings in einem meistens eher überschaubaren Rahmen.

EXTRATIPP

MilanoCard

Die Anschaffung der MilanoCard lohnt sich für viele Besucher. Die Karte kann online (www.milanocard.it) geordert werden. Vor Ort erhält man sie in den „MilanTourismPoint-Filialen" (s. S. 110). Kostenpunkt: 7 € für eine 24-Stunden-Karte bzw. 13 € für 48 und 19 € für 72 Stunden Gültigkeit. Für Kinder unter 10 J. gratis. Oft spezielle Kombi-Aktionen. Mit der Karte hat man **freie Fahrt in öffentlichen Verkehrsmitteln** und bekommt **Ermäßigungen** in vielen Museen, Läden, Restaurants und Hotels, bei Airport-Shuttlebussen und für Stadttouren. Zudem bietet sie viele **Infos** oder **verkürzte Wartezeiten.** Auch landesweite Vergünstigungen, z. B. bei Bahnfahrten in andere italienische Städte, sind inklusive. Die Karte wird in dem Moment aktiviert, in dem man sie erstmals für ein öffentliches Verkehrsmittel einsetzt.

Für **Kunstinteressierte**, die nicht nur Mailand besuchen, sondern in der ganzen Region unterwegs sind, kann sich die ein Jahr gültige **LombardiaCard (Abbonamento Musei Lombardia Milano)** für 45 € (reduziert ab 20 €) lohnen (http://lombardia.abbonamentomusei.it).

Informationsquellen

Infostellen zu Hause

Die italienische Zentrale für Tourismus, ENIT (Agenzia Nazionale del Turismo, www.enit.it), hat ihre Filiale für die deutschsprachigen Länder in Frankfurt am Main. In Wien gibt es ein weiteres Informationsbüro. Das ENIT Informationsbüro Zürich hat seine Arbeit 2013 eingestellt. Schweizer Bürger richten sich seitdem ebenfalls an das ENIT-Büro in Frankfurt am Main.

ENIT ist bei Fragen aller Art zum Reiseland Italien im Allgemeinen und einzelnen Regionen und Städtezielen im Besonderen behilflich und hält ein breites Sortiment an Prospektmaterial und Karten bereit.

Über die ENIT-Websites können zu den verschiedensten Themen PDF-Dateien heruntergeladen werden. Außerdem wird klassischer Prospektversand geboten.

› **ENIT Frankfurt am Main,** Barckhausstraße 10, 60325 Frankfurt am Main, Tel. +49 (0)69 237434, www.enit.de, Mo–Fr 9.15–17 Uhr
› **ENIT Informationsbüro Wien,** Mariahilfer Straße 1B, 1060 Wien, Tel. +43 (0)1 5051639, www.enit.at, Di–Do 9–12.30 Uhr

Infostellen in der Stadt

Das offizielle Fremdenverkehrsamt ist für die Website www.visitamilano.it verantwortlich.

Die wichtigste und am besten ausgestattete Touristeninformation wurde in der Galleria Vittorio Emanuele II (2) eingerichtet, und zwar in Richtung Piazza della Scala kurz vor dem Torbogen auf der linken Seite:

ℹ 132 [E4] **Ufficio del Turismo Info Milano,** Galleria Vittorio Emanuele II, Ecke Piazza della Scala, Tel. (+39) 02 88455555, geöffnet: Mo–Fr 9–19, Sa 9–18, So und feiertags 10–18, geschl. 25.12., 1.1. Im Informationsbüro erhält man unter anderem Monatshefte, aktuelle Kulturkalender und Prospektmaterial – alles überwiegend auf Italienisch und Englisch.

› **Helpline der ENIT:** Tel. 0649711
› **Italienische Telefonauskunft:** Tel. 1254

Mailand preiswert

Nach längerer Suche hat es der Low-Budget-Traveller geschafft, sich über das Portal www.airbnb.com eine ***preisgünstige Unterkunft*** *zu buchen. Die Wohnung liegt verkehrsgünstig und wenn er es eilig hat, ins Zentrum zu kommen, springt er in die nahe* ***Metrostation.*** *Dabei erwirbt er nie reguläre Einzelfahrscheine („Biglietto urbano") für 1,50 Euro, sondern immer 24-Sunden-Tickets („Abbonamento giornaliero urbano") für 4,50 Euro - und erledigt dann mehrere Besichtigungen und Besuche im ganzen Stadtgebiet auf einen Streich. Ansonsten geht er aber auch schon mal zu Fuß durch die Parks oder seine Lieblingsviertel. Noch etwas günstiger hätte er mit etwas Glück weiter außerhalb der Innenstadt oder in Bergamo 37 (einfache Zugfahrt nach Mailand: ab 5 €) unterkommen können. Aber bei der Lage wollte er diesmal keine Abstriche machen.*

Von den ***touristischen Hotspots*** *schätzt er diejenigen am meisten, deren Besuch wenig oder gar nichts kostet, also zum Beispiel die Parkanlagen Parco Sempione 20 und Giardini Pubblici 15, den Cimitero Monumentale 33 und und die vielen großartigen Kirchen aus verschiedensten Epochen, allen voran die Basilica di Sant'Ambrogio 27. Seit 2015 kostet der Dom 1 für Besucher, die nicht zum Beten kommen, 3 € Eintritt.*

Viele Museen und andere Sehenswürdigkeiten locken mit ***speziellen Offerten,*** *an bestimmten Tagen oder zu bestimmten Uhrzeiten vergünstigt oder kostenfrei hineinzugelangen, z. B. kostet das Acquario Civico 21 dienstags ab 14 Uhr keinen Eintritt.*

Die ***Baudenkmäler*** *des historischen Zentrums zu bewundern, ist in jedem Fall gratis. Die Umgebung der Piazza dei Mercanti 7 und der großartige Platz vor der Basilica di San Lorenzo Maggiore 29 haben es ihm da besonders angetan.*

Touristenfallen, welche die Urlaubskasse überstrapazieren würden, meiden sparsame Reisende konsequent.

- Die **„MilanTourismPoint"**-Filialen vertreiben die nützliche MilanoCard (s. S. 109) und verstehen sich auf Reservierungen, Ticketbeschaffung und Stadttouren. Einen umfassenden Service bietet z. B. die Filiale in der mittleren Etage des Hauptbahnhofs 32 (Mo/Di, Do/Fr 9–13 und 14–18, Mi, Sa 9–13 Uhr). Weitere Filialen u. a. an den Flughäfen Malpensa, Linate and Orio al Serio (www.milantourismpoint.com)

Mailand im Internet

Deutschsprachige Websites

- **www.italia.it:** viele Reisetipps, auch zu Italien allgemein
- **www.mein-italien.info:** ausführliche infos und Tipps zu fast allen Lebenslagen
- **www.milano24ore.de:** kommerzielle Website mit einer Vielzahl an Infos und Buchungsmöglichkeiten

Websites in italienischer und/oder englischer Sprache

- **www.ciaomilano.it:** kommentierte Listen zu aktuellen Events und allen Themen
- **www.comune.milano.it:** konzipiert für Bewohner und Touristen. Mit Newsletter.
- **www.tourism.milan.it:** viele touristisch relevante Infos, z. B. kulturelle Events und thematische Listen von Museen
- **www.regione.lombardia.it:** Wissenswertes zur Region Lombardei

So spart es nicht nur Zeit, sondern auch Geld, den ***Espresso*** *zwischendurch für 1 € im Stehen an der Theke einzunehmen, statt sich wie viele Touristen an die Tische zu setzen und wesentlich mehr für denselben Genuss zu zahlen. Überhaupt lohnt es sich ganz grundsätzlich, in vielen Dingen* ***dem Beispiel der „Locals" zu folgen:***

Bekommt der Sparfuchs unterwegs mal Appetit auf einen kleinen ***Imbiss,*** *dann besorgt er sich Sandwiches natürlich nicht in der Nähe des Domplatzes, sondern so weit wie möglich von diesem entfernt.*

Möchte er sich einen abendlichen ***Aperitivo*** *leisten, dann spaziert er zur sogenannten* ***Happy Hour*** *in die Bar Brera (s. S. 74) im gleichnamigen Stadtteil oder aber zum nahen Corso Sempione. Dort erhält er zu seinem Drink um die 8 Euro die Möglichkeit, sich nach Herzenslust am äußerst köstlichen Buffet zu bedienen, denn Happy Hour bedeutet in Mailand nicht einfach nur zwei Getränke zum Preis von einem!*

- **www.visitamilano.it:** vom Fremdenverkehrsamt IAT betrieben
- **www.vivimilano.corriere.it:** Die Zeitung Corriere della Sera empfiehlt Restaurants und Kulturevents aller Art.

Mailand-Apps

- **ATM Mobile (Android) und iATM Milano (iOS):** Alle Möglichkeiten des Mailänder ÖPNV kostenlos auf dem Smartphone. Routenplaner, Fahrpläne etc.
- **Die Mailänder Flughäfen** verfügen über Apps (Android und iOS) mit Informationen zu Flügen, Parkplätzen, Restaurants, Wegbeschreibungen und vielem mehr. Kostenlos.
- **Hotel Tonight:** Last Minute-Hotel-Deals. Die Restplätze sind auch und gerade für Reisende gedacht, die bereits vor Ort sind. Kostenlos für Android und iOS.
- **Mailand Taxi:** Es wird automatisch ein Taxi geschickt bzw. man erhält die Adresse des nächsten Taxistands. Kostenlos für Android.
- **TransportMi:** Die App informiert darüber, welche öffentlichen Verkehrsmittel in der Nähe verkehren. Kostenlos für Android.
- **World Lens** für Android, unterschiedliche Preise je nach Sprachpaket. Word Lens übersetzt gedruckte Wörter mithilfe der Smartphonekamera in Echtzeit ins Englische. Es wird keine Internetverbindung benötigt. Die Kamera wird bei gestarteter App einfach auf ein Wort, einen Satz oder ein Hinweisschild gerichtet. Die Software erkennt die Schrift und wandelt sie ohne Zeitverlust ins Englische um.
- **OpenWiFiMilano (Open WiFi Milano – Trova WiFi):** WLAN-Finder für Mailand. Kostenlos für Android.
- **„Bing Übersetzer"** (kostenlos). Die App übersetzt einzelne Worte, Sätze und sogar kleine Textblöcke, die man ihr auf verschiedenen Wegen zukommen lassen kann: Eintippen, mit der Smartphone-Kamera scannen oder ins Mikrofon sprechen. Die Übersetzungen sind manchmal nicht elegant, aber meistens brauchbar.

Internet und Internetcafés

Mailand stellt an Hunderten von Hotspots **kostenlosen WLAN-Zugang** ohne Daten- oder Zeitlimit zur Verfügung: Einfach „OpenWifiMilano" anwählen und registrieren. Das Passwort kommt per SMS. Es kann auch für andere Endgeräte verwendet werden, z. B. Tablets. Nähere Infos: http://info.openwifimilano.it (ital./engl.).

Meine Literatur- und Filmtipps

- ***„Die Herzogin von Mailand"*** *von Michael Ennis, Heyne, 2001. Zwei mächtige Damen am Mailänder Hof der Renaissance-Zeit entwickeln sich von engen Freundinnen zu erbitterten Feindinnen. An Machtkämpfen, Intrigen und Affären wird nicht gespart.*
- ***„Die ganz große Nummer"*** *von Andrea De Carlo, Piper, 2004. Im Mailand der 1970er-Jahre verkaufen zwei junge Männer ein ganz besonderes Produkt: erfundene Interviews mit exzentrischen Rockstars. Wie lange wird die Medienbranche den beiden Möchtegern-Rockjournalisten auf den Leim gehen?*
- ***„Die Päpstin von Mailand: Die Geschichte der Vilemiten"*** *von Christine Neumeyer, AAVAA Verlag, 2012. Eine fesselnde Mittelalter-Erzählung auf der Basis originaler Prozessakten des Mailänder Inquisitionsgerichts von 1300.*
- ***„Der Pate von Mailand"*** *von Gianni Biondillo, Goldmann, 2007. Polizisten sind in Mailands Unterwelt nicht gern gesehen. Schon gar nicht, wenn sie so neugierig sind wie Ispettore Michele Ferraro auf der Suche nach einem verschwundenen Teenager. Der Krimi war 2006 für den Premio Giorgio Scerbanenco nominiert – eine nach dem Meisterautor früher italienischer Krimanalliteratur benannte Auszeichnung.*
- ***„Denn dein ist die Schuld"*** *von Adele Marini, Goldmann, 2010. Drei Kinder werden zeitgleich entführt. Es gibt keine Zeugen und Lösegeldforderungen bleiben aus. Die beiden ungleichen Ermittler Vincenzo Marino und Sandra Leoni stoßen auf verstörende Zusammenhänge.*
- ***„Nullnummer"*** *von Umberto Eco, Hanser, 2015. Eco beschreibt anhand von Redaktionssitzungen und Dialogen zwischen Medienmenschen, wie Nachrichten „gemacht" werden. Dazwischen werden Rückblenden in die Zeit Mussolinis und Beschreibungen interessanter Orte in Mailand eingestreut. Der Leser spürt die Liebe des berühmten Autors zu seiner Wahl-Heimatstadt.*

Giorgio Scerbanenco *ist berühmt dafür, die sozialen Hintergründe seiner Handlungsfiguren in die Story einzubauen. Für die Tageszeitung „La Repubblica" ist er sogar „der Vater des italienischen Krimis". Seine* ***Tetralogie um den Sonderermittler Lamberti*** *spielt in den weniger feinen Mailänder Milieus und ist Ende der 1960er-Jahre zum ersten Mal in Italien erschienen. Die Originaltitel lauten „Venere privata", „Traditori di tutti", „I ragazzi del massacro", „I milanesi ammazzano al sabato". Das Quartett gibt es auch in deutscher Übersetzung:*

- ***„Das Mädchen aus Mailand",*** *Btb, 2003. Der Privatdetektiv Duca Lamberti versucht im Wirtschaftswunder-Mailand der 1960er-Jahre, den vermeintlichen Selbstmord einer Prostituierten aufzuklären.*
- ***„Die Verratenen",*** *Btb, 2003. In Lambertis zweitem Fall geht es um einen Schmugglerring, der vor keiner Brutalität zurückschreckt. Aber welche Rolle spielt die mysteriöse junge Frau, die sich in einem Brief zu zwei Morden bekennt?*

- *„**Der lombardische Kurier**", Btb, 2004. Eine junge Lehrerin stirbt, nachdem eine Gruppe ihrer Schüler sie brutal vergewaltigt hat. Wird Duca Lamberti die Mauer des Schweigens überwinden? Als er sich endlich auf der richtigen Fährte wähnt, geschieht auch noch ein Selbstmord.*
- *„**Ein pflichtbewusster Mörder**", Btb, 2004. In seinem vierten Fall verschlägt es den Sonderermittler Lamberti wieder ins Rotlichtmilieu: Eine geistig zurückgebliebene junge Frau ist verschwunden. Die deutsche Erstausgabe aus dem Jahr 1977 trug den Titel „In Mailand mordet man samstags".*

- *„**Leonardo und Das Letzte Abendmahl**" von Ross King, Knaus, 2014. Auf der Basis von exakten Recherchen porträtiert der kanadische Kunsthistoriker Ross King anhand der Beschreibung Leonardo da Vincis den Umbruch einer ganzen Epoche. Leser erfahren alle wesentlichen Informationen und Hintergründe zu dem weltberühmten Bild. Die Vielzahl der Informationen und die zahlreichen Nebenstränge, denen der Renaissance-Experte King mit größter Akribie nachgeht, lassen keine Fragen offen. Nach der Lektüre wissen seine Leser Bescheid über die Motive der Auftraggeber, Leonardos Mal- und Kompositionstechnik, über Details zu den Figuren im Bild und auch darüber, was Leonardo sich mit dem Bild vorgenommen hatte.*
- *Regelmäßig bringt der italienische Verlag **Gambero Rosso** einen etwa 250 Seiten starken Band mit Listen der besten Mailänder Lokale, Stores und Hotels heraus (Aktuelle Auflage: **Milano 2016**, auf Italienisch, 256 Seiten). Akkurat bewertet die Redaktion Hunderte von Top-Spots für Freunde stilvoller Genüsse. „Ristoranti", die in der renommierten Gourmet-Fibel mehr als 80 Punkte einheimsen, bieten internationale Spitzengastronomie.*
- *„**Mailand zwischen den Zeilen: Episodenhafte Einblicke in eine Stadt und ihre Bewohner**" von Monika Höge, CreateSpace, 2012. Ein Mix aus persönlichen Erfahrungen der Autorin und der Schilderung der (nord)italienischen Verhältnisse im Allgemeinen. Der Leser erfährt viele Details zu Lebensweise und Befindlichkeiten der Mailänder.*
- *„**Das Wunder von Mailand**" **(„Miracolo a Milano").** Der sozialkritische Film von 1951 ist auch wegen seiner magischen Elemente bekannt geworden. Er basiert auf der Novelle „Das Wunder von Bamba" („Totò il buono") von Cesare Zavattini. Im Mittelpunkt steht Toto, der trotz aller Widrigkeiten in einer armen Mailänder Vorstadt gelassen und optimistisch bleibt.*
- *„**Die schwarzen Brüder**". Der Streifen aus dem Jahr 2014 basiert auf dem gleichnamigen Jugendbuch von Lisa Tetzner und Kurt Held von 1941 und spielt im Mailand des 19. Jahrhunderts, denn dorthin wird der kleine Giorgio aus dem Tessin als Kaminfegerjunge verkauft. Wird er sich in der gefährlichen Großstadt behaupten?*

Mit der Verbreitung von WLAN und den immer günstiger werdenden Preisen für mobile Internetnutzung hat die Bedeutung und Zahl von Internetcafés beträchtlich abgenommen. Die wenigen, die es noch gibt, sind jetzt meistens breiter aufgestellte Dienstleister, die auch Fax, Geldtransfer und Ähnliches anbieten. Hier ein Beispiel:

@133 [C6] **Kamal Business Center,** Via Cesare da Sesto, 1, Tel. 328 3216283, geöffnet tgl. 9–21 Uhr (Fr 13–14.30 Uhr geschl.)

Medizinische Versorgung

Kleinere Behandlungen sind für EU-Bürger kostenlos. Erste-Hilfe-Stationen heißen in Italien *Pronto Soccorso*, Polikliniken *Policlinico*. Folgende ist recht zentral gelegen:

✚134 [F5] **Ospedale Maggiore Policlinico,** Francesco Sforza, 28, Tel. 02 55031, www.policlinico.mi.it

Werden umfangreichere Behandlungen notwendig, ist es vorteilhaft, die **Europäische Krankenversicherungskarte (EHIC)** dabei zu haben. Die EHIC-Daten sind inzwischen oft auf die Rückseite der Gesundheitskarte (Deutschland), der e-card (Österreich) bzw. der Versichertenkarte (Schweiz) aufgedruckt. Vertragsärzte und staatliche Krankenhäuser sind verpflichtet, bei Vorlage der Karte medizinisch notwendige Behandlungen **kostenfrei zu erbringen.** Sollten Ärzte oder Zahnärzte *(medici dentisti)* dennoch auf Bar- oder Kreditkartenzahlung bestehen, lässt man sich für eine spätere Erstattung durch die heimische Krankenkasse und/oder private Krankenversicherung eine **detaillierte Rechnung** mit Angaben zu Diagnose, Behandlung (einschließlich Medikamenten) und Kosten ausstellen.

Eine **monatlich aktualisierte Liste deutschsprachiger Ärzte** ist über die Website des deutschen Konsulars einsehbar.

Sicherheitsbewusste Reisende entscheiden sich für **privaten Auslandsreisekrankenschutz.** Dieser deckt oft auch etwaige kostspielige Krankenrücktransporte ins Heimatland ab.

Apotheken

Regelmäßig einzunehmende Medikamente hat man sicherheitshalber schon im Reisegepäck. Eine Apotheke *(farmacia)* ist leicht an einem großen, leuchtenden **grünen Kreuz** zu erkennen. Apotheken sind oft von Montag bis Freitag von 9 bis 19 Uhr geöffnet – wobei in der Regel eine mehrstündige Mittagspause gemacht wird und manche an bestimmten Tagen geschlossen haben. Eine Apotheke in der **Stazione Centrale** 32 ist 365 Tage im Jahr geöffnet:

✚135 [eh] **Farmacia Stazione Centrale,** Piazza Duca D'Aosta, geöffnet: Mo–Sa 7.30–21, So und Fei. 8.30–21 Uhr.

› **Infos zu Mailänder Apotheken:** www.federfarmamilano.it

Mit Kindern unterwegs

Das Klischee entspricht den Fakten: Italien ist ein ausgesprochen **kinderfreundliches Reiseziel.** In diesem Punkt tickt auch Mailand nicht viel anders als der Rest des Landes. Italiener nehmen ihre *bambini* fast überall mit hin und niemand stört sich daran, wenn es in der Öffentlichkeit mal etwas lauter und turbulenter zugeht.

Schwierigkeiten gibt es am ehesten mit äußeren Umständen, unter denen auch die Erwachsenen leiden, wie beispielsweise hochsommerliche Hitze. Außerhalb der Fußgängerzonen ist der Straßenverkehr Gefahrenquelle Nummer eins. Wickelmöglichkeiten sind in der Innenstadt rar. Gestresste Eltern werden auf die Schnelle in den Filialen der Fastfood-Ketten und in großen U-Bahn-Stationen fündig.

Um Kinder von 5 bis 12 Jahren auf das Reiseland Italien einzustimmen, hat sich die italienische Zentrale für Tourismus etwas Besonderes einfallen lassen und eine spezielle **Italien-Website** mit Animationen, Spielen und kurzen kindgerechten Informationen für Kids online gestellt. Auch und gerade zu Mailand ist dort einiges dabei, beispielsweise Infos zum Teatro alla Scala und zum Universalgenie Leonardo da Vinci.

› http://kinder.enit-italia.de (auf Deutsch)

Kinder, die Englisch, Italienisch oder Spanisch sprechen, freuen sich auch über die kindgerechten Audiokommentare speziell für Kids in den knallroten **Touristen-Doppeldeckerbussen** von CitySightseeing Milano (s. S. 122). Bei schönem Wetter ist eine Rundfahrt in den oben offenen Bussen vor allem dann ein Erlebnis, wenn man einen Sitzplatz an der frischen Luft ergattert.

Weitere spannende Aktivitäten an der frischen Luft sind der auch bei Erwachsenen äußerst beliebte **Spaziergang über das Dach des Doms** 1 und Ausflüge in den **Parco Sempione** 20 (Picknickdecke nicht vergessen).

Hotspots für kleine Entdecker

› **Acquario Civico** 21. Viele verschiedene Wasserbewohner in Bassins aller Größen und ein Teich voller bunter japanischer Kois. Der Parco Sempione 20 gleich daneben lädt zum Rennen und Toben ein.

› **Castello Sforzesco** 19. Kinderträume werden wahr: eine Burg, eine massive Festungsanlage mit Kanonen, ägyptische Mumien, außerdem reichlich Platz zum Toben und gleich hinter dem Kastell ein riesiger Park mit vielen Grünflächen, einem Karussell und anderen Attraktionen für Kinder.

› **Museo Civico di Storia Naturale** (s. S. 67). Wissenswertes zur Naturgeschichte und viele ausgestopfte Tiere. Das Planetario Ulrico Hoepli (s. S. 31) befindet sich gleich daneben ebenfalls auf dem Gelände der Parkanlage Giardini Pubblici 15. An Astronomie interessierte Kids werden begeistert sein!

136 [H5] **Museo dei Bambini di Milano,** Via Besana, 12, Tel. 02 43980402, www.muba.it, geöffnet: Di–Fr 9.30–18 Uhr, Sa/So und feiertags 10–19 Uhr, Eintritt: 8 € (Kind), 6 € (Erwachsener), Familienticket 25 €. In dem wuchtigen Barockbau Rotonda della Besana ist heute das Mailänder Kindermuseum untergebracht. Im „MUBA" kann der wissbegierige Nachwuchs nach Herzenslust experimentieren und seine Kreativität ausleben. Buchladen und Bistro angeschlossen.

› **Museo Nazionale della Scienza e della Tecnologia Leonardo da Vinci** 28. Ein Besuch des großen Wissenschafts- und Technikmuseums wird für alle technikaffinen Kinder zu einem unvergesslichen Erlebnis. Dafür sorgen auch die vielen multimedialen Mitmach-Module und die interaktiven Labore und Experimente an den Wochenenden. Vielen Kindern gefällt auch die geführte U-Boot-Tour („Sottomarino Enrico Toti").

› An heißen Sommertagen bietet sich ein Ausflug an den **Idroscalo** 36, Mailands künstlichem Badesee, an.

•137 **Leolandia,** Tel. 02 9090169, www.leolandiaviaggi.it. Der Freizeitpark liegt etwas näher an Bergamo als an Mailand und wirbt mit rund 40 Attraktionen, einschließlich einem Aquarium, Show-Events und diversen Fahrgeschäften.

Marionettentheater

138 **Atelier Carlo Colla e Figli,** Via Montegani 35/1, Tel. 02 89531301, www.marionettecolla.org, Eintritt: 16 €, reduziert ab 8 €. Aufwendige Aufführungen im Atelier und unterwegs.

Das Marionettentheater **Teatro Gianni e Cosetta Colla** macht in verschiedenen Häusern Station:

› **Teatro Gianni e Cosetta Colla,** Tel. 02 55211300, www.teatrocolla.org, Eintritt: 12 €, reduziert ab 8 €, manche Specials schon für 5 €, Aufführungen Sa, So und feiertags

139 [D5] **Teatro Arsenale,** Via Cesare Correnti, 11 (südwestlich des Zentrums, wegen seiner zurückversetzten Fassade etwas versteckt liegend), www.teatroarsenale.it

140 [aj] **Teatro La Creta,** Via dell'Allodola, 5 (M1 Inganni)

141 [H6] **Teatro Silvestrianum,** Via Andrea Maffei, 19 (östlich des Zentrums), www.teatrosilvestrianum.it

Notfälle

Diebstahl und Kartensperrung

Bei **Verlust der Debit-(EC-), Kredit- oder SIM-Karte** gibt es für Kartensperrungen eine **deutsche Zentralnummer** (unbedingt vor der Reise klären, ob die eigene Bank bzw. der jeweilige Mobilfunkanbieter diesem Notrufsystem angeschlossen ist). **Aber Achtung:** Mit der telefonischen Sperrung sind die Bezahlkarten zwar für die Bezahlung/Geldabhebung mit der PIN gesperrt, nicht jedoch für das **Lastschriftverfahren mit Unterschrift.** Man sollte daher auf jeden Fall den Verlust zusätzlich **bei der Polizei zur Anzeige bringen,** um gegebenenfalls auftretende Ansprüche zurückweisen zu können.

In **Österreich** und der **Schweiz** gibt es keine zentrale Sperrnummer, daher sollten sich Besitzer von in diesen Ländern ausgestellten Debit-(EC-) oder Kreditkarten vor der Abreise bei ihrem Kreditinstitut über den zuständigen Sperrnotruf informieren.

Generell sollte man sich immer die **wichtigsten Daten** wie Kartennummer und Ausstellungsdatum **separat notieren,** da diese unter Umständen abgefragt werden.

› **Deutscher Sperrnotruf:** Tel. +49 116116 oder Tel. +49 3040504050

› **Weitere Infos:** www.kartensicherheit.de, www.sperr-notruf.de

Fundbüro

•142 [ej] **Ufficio oggetti rinvenuti,** Via Friuli, 30, Tel. 02 88453900/08/09, geöffnet Mo – Fr 8.30 – 16 Uhr. Das städtische Fundbüro bewahrt hier abgegebene Gegenstände für ein Jahr auf. Bekommt man einen verlorenen Gegenstand wieder, wird eine Aufbewahrungsgebühr fällig, die sich am Wert der Sache orientiert.

Verkehrsunfall

Wird man in einen Verkehrsunfall verwickelt, empfiehlt es sich, auch **selbst Fotos von der Unfallstelle** und den entstandenen Schäden zu **machen.** Eigentlich eine Selbstverständlichkeit: Man solle weder am Unfallort noch später Dokumente unterschreiben, deren Inhalt man nicht versteht! Das Prozedere rund um die Abwicklung eines Unfalls kann sich beschleunigen, wenn man die sogenannte „grüne Versicherungskarte" dabei hat.

Notrufnummern

- **Notruf (allgemein):** 112
- **Feuerwehr:** 115
- **Ambulanz/Notarzt:** 118

Öffnungszeiten

Geschäfte sind grundsätzlich montags bis samstags von 9 oder 10 bis 12.30 Uhr und dann wieder von 15 oder 16 Uhr bis mind. 19 Uhr geöffnet, oft auch etwas länger. **Große Kaufhäuser und Modeläden** sowie Boutiquen und Stores in den wichtigen Shopping-Zonen (s. S. 83) haben mittags meistens durchgehend geöffnet und manchmal auch sonntags. Das gilt vor allem für die Sonntage vor Weihnachten. **Kleinere Läden** verkürzen an bestimmten Wochentagen ihre Öffnungszeiten.

Banken haben meistens montags bis freitags zwischen 8.30 und 13 Uhr Schalterstunden. Nachmittags variieren die Öffnungszeiten erheblich. Oft ist dann nur eine weitere Stunde geöffnet. **Kleinere Postfilialen** öffnen oft nur montags bis freitags zwischen 8.30 und 13.30 Uhr, wichtigere Filialen auch nachmittags und am Samstag – beispielsweise die im Hauptbahnhof untergebrachte.

Kleinere Tankstellen schließen in aller Regel von ca. 12 bis 15 Uhr. Allerdings gibt es oft Selbstbedienungszapfsäulen mit Bargeld- und/oder Kartenzahlung.

Kirchen besucht man entweder vormittags oder (spät)nachmittags (s. S. 15).

Viele **Museen** haben mittags durchgehend geöffnet, bleiben aber montags geschlossen. Ausnahmen können an Feiertagen gelten.

An einer Reihe von Fest- und Feiertagen besteht eine erhöhte Wahrscheinlichkeit, dass mit **Einschränkungen bei den Öffnungszeiten** zu rechnen ist. Davon betroffen sein kann alles, was Öffnungszeiten hat. Auch der Doppeldeckerbus City-Sightseeing (s. S. 122) und andere für Touristen interessante Angebote sind dann oft nur eingeschränkt in Funktion:

- 1. und 6. Januar
- Ostersonntag und Ostermontag
- 25. April
- 1. Mai
- 2. Juni
- 1. November

Im **Dezember** sind gleich vier Tage besonders heikel: 7., 8., 25. und 26. Grundsätzlich gilt: Je größer und für den internationalen Tourismus relevanter eine Einrichtung ist, desto unwahrscheinlicher bzw. geringfügiger sind Einschränkungen an den genannten Tagen. Besonders viele Sehenswürdigkeiten sind erfahrungsgemäß am 1. Januar und am 25. Dezember geschlossen.

Auch im **August** gelten oft eingeschränkte Öffnungszeiten. Weniger bedeutende Sehenswürdigkeiten, Museen und Restaurants schließen dann gerne gleich für mehrere Wochen am Stück.

Post

Der **Versand von Briefen und Postkarten** nach Deutschland, Österreich und in die Schweiz kostet einheitlich 0,95 €. Viele Reisende stecken Postkarten lieber in einen Umschlag, da die italienische Post Ansichtskarten angeblich nachrangig behandelt.

Briefmarken *(francobolli)* erhält man überall, wo das große schwarze „T" für *tabacchi,* also Tabakprodukte, prangt. **Briefkästen** sind rot, werden (fast) täglich geleert und haben oft zwei Einwurfschlitze: einen für Sendungen innerhalb der Stadt („PER LA CITTA") und einen für den Rest der Welt („PER TUTTE LE ALTRE DESTINAZIONI").

Für aufwendigere Postdienstleistungen gibt es Postämter *(uffici postali),* z. B.:

- ✉143 [eh] **Ufficio Postale di Milano Centrale,** im Gebäude des Hauptbahnhofs, Mo–Fr 8.20–19.05, Sa 8.20–12.35 Uhr
- › **Website der italienischen Post mit Filialsuche:** www.poste.it

Radfahren

Es spricht einiges dafür, Mailand vom Fahrradsattel aus zu erkunden. Das Gelände ist fast überall ausgesprochen flach, man bewegt sich gesund und umweltschonend fort und teuer ist es auch nicht. Verleih *(noleggio)* von Fahrrädern bieten gleich mehrere Unternehmen an:

Wer sich über **www.bikemi.it** kostenpflichtig registriert, kann für maximal zwei Stunden am Stück eines der gelben **Citybikes** mieten. Man wählt zwischen einer Jahres- (36 €), Wochen- (9 €) oder Tagesanmeldung (4,50 €). Die Registrierung ist auch bei bestimmten ATM Points, also den Schaltern der Mailänder Verkehrsbetriebe, möglich. Öffnungszeiten jeweils Mo bis Sa von 7.45 bis 19.15

Leih-Bikes vor dem Hauptbahnhof

Uhr. Bezahlung in jedem Fall nur per Kreditkarte.

Citybike-Stationen gibt es reichlich überall in der Stadt, eine besonders große auf dem Platz vor dem Hauptbahnhof 32. Die ersten 30 Minuten sind stets gratis, danach fallen 0,50 € pro halbe Stunde an. Nach spätestens zwei Stunden muss das Vehikel an einer der Stationen zurückgegeben werden. Nach einer Wartezeit von zehn Minuten kann man aber schon wieder aufsatteln. Man sollte unbedingt die Nutzungsbedingungen genau einhalten, sonst kann es teuer werden bzw. die „Mitgliedschaft" wird geblockt. Die roten E-Bikes *(Bici Elettriche)* von derselben Firma kosten in der ersten halben Stunde 0,25 €.

› Tel. 02 48607607 (ATM-Infoline), App: BikeMi

Eine Alternative ist der Fahrradverleih **AWS BICI** in der Nähe des Hauptbahnhofs. Hier mietet man noch wie früher üblich, das heißt tageweise und unter Hinterlegung einer Kaution. Konkret gilt bei einer Mietdauer von einem Tag: Citybike (6 Gänge): 11 €, Trekkingbike, Mountainbike: 15 €, Kaution: 100 €, Reinigungsgebühr: 10 €.

S144 [eg] **AWS BICI,** Via Ponte Seveso, 33, Ecke Via Schiaparelli, Tel. 02 67072145, Di–So 9–13 Uhr und 15–19 Uhr (Mai–Okt. montagnachmittags geöffnet, den Rest des Jahres Mo. ganztägig geschlossen), www.awsbici.com

Sicherheit

Mailand ist nicht gefährlicher als z. B. deutsche Städte vergleichbarer Größe. Präventives Verhalten, das man in Hamburg oder Köln an den Tag legt, hat natürlich auch in einer italienischen Großstadt seine

Infos für LGBT+

Bars und Klubs der Mailänder ***Schwulenszene*** *sind über die ganze Stadt verstreut, wobei eine gewisse Konzentration um den Stazione Centrale 32 und weiter in nordöstlicher Richtung auffällt. Es gibt aber keine explizit „schwule Gegend". Übrigens laden auch viele der großen Klubs an bestimmten Tagen zu Gay-Abenden, so das Amnesia (s. S. 81).*

Hier einige Spots, an denen sich das In-Publikum gerne trifft:

145 *[eg]* ***Afterline,*** *Via Sammartini, 25, Tel. 02 36519232. Ab 21 Uhr geöffneter, recht lauter Klub. Der „Club 23" gleich daneben ist kleiner und versteht sich eher als Cocktail-Loungebar.*

146 *[fg]* ***Depot,*** *Via Dei Valtorta, 19, Tel. 02 28970999, www.depotmilano.com. Etablierter dreistöckiger Klub mit häufig wechselnden Special Events*

147 ***Hot Dog Club Milano,*** *Via Oropa, 3, Tel. 02 26826709, www.hotdogclubmilano.it. Klub im Nordosten der Innenstadt mit großem Bar-Bereich.*

148 *[H2]* ***Lelephant,*** *Via Melzo, 22, Tel. 02 29518768. Sehr populäre große Lounge Bar.*

› ***www.patroc.com/milan*** *liefert einen aktuellen Überblick über die Mailänder Szene (auch auf Deutsch) mitsamt „Gay Map" und nennt weitere beliebte Spots.*

Bei ***Lesben*** *beliebter Treff:*

149 *[G1]* ***MONO Bar,*** *Via Lecco, 6 (Ecke Via Panfilo Castaldi). Relaxte Stimmung. Kleine schwul-lesbische Bar LeccoMilano (www.leccomilano.it) schräg gegenüber.*

Berechtigung. Beispielsweise ist davon abzuraten, nachts allein und/oder betrunken **finstere Gegenden** zu erkunden.

Die größte Gefahr für Hab und Gut geht von **Trickbetrügern** und **Taschendieben** aus. In Sachen Langfinger besonders heikel sind U-Bahnen, Flohmärkte und andere Orte mit viel Trubel und großem Gedränge.

Einige leicht zu befolgende **Vorsichtsmaßnahmen** minimieren die Gefahr, Opfer von Eigentumsdelikten oder Schlimmerem zu werden:

- Wertsachen bleiben zu Hause oder im Hotelsafe
- Bargeld und wichtige Dokumente direkt am Körper tragen
- Handtaschen und teure Kameras immer gut festhalten
- Hütchenspieler, Freundschaftsbändchen-Agenten etc. meiden

An den **Ticketautomaten** der Metrostationen und ähnlichen Orten halten sich manchmal Personen auf, die ausländische Touristen hartnäckig in ein Gespräch verwickeln wollen. Wer sich auf eine Konversation einlässt, verliert wahrscheinlich Geld, ganz bestimmt aber die gute Urlaubslaune.

Wer mit dem **Auto** unterwegs ist und keinen bewachten Parkplatz bekommt, sollte nie (!) etwas von Wert im unbeaufsichtigten Wagen lassen, auch nicht Sonnenbrillen oder teure bzw. teuer wirkende Kleidung. Der übliche Hinweis an potenzielle Langfinger, dass es nichts zu holen gibt, ist das demonstrativ geöffnete Handschuhfach. Manche Fahrer schließen den Kofferraum nicht ab.

Kontaktdaten einer **Polizeidienststelle** im Zentrum:

150 [F4] **Polizia Locale (Comando Zona 1),** Via Beccaria, 19, Tel. 02 77270100 bis -07

Sport und Spa

Fitness und Wellness *(benessere)* sind auch und gerade in der quirligen Geschäftsstadt Mailand Trend! Es gibt Anlagen, die als Spa an bestehende Hotels angebaut wurden, während andere als eigenständige Thermen und Wellnesscenter eröffnet haben. Bei den Besseren wird das komplette Programm geboten: Ausdauer- und Kraftgeräte, ein Gymnastikbereich, Entspannungszonen, Massagen, diverse Schwimmbecken, Saunen und Anwendungen etc. In vielen Wellnessoasen sind auch Tagesgäste herzlich willkommen. Besonders empfehlenswert sind:

S151 [bi] **Moresko Hammam Café,** Via Pietro Paolo Rubens, 19, Tel. 02 4046936, geöffnet tgl. 10–22 Uhr. Der Hammam Moresko im Stadtteil Fiera betont seine Funktion als Ort der Kommunikation. Bögen, Kuppeln und Brunnen lassen Besucher den Alltag vergessen und in eine orientalische Märchenwelt eintauchen. Stilecht können Männer und Frauen getrennt voneinander baden.

S152 [G7] **QC Terme Milano,** Piazzale Medaglie d'Oro, 2, Ecke Viale Filippetti, Tel. 02 55199367, www.termemilano.com, geöffnet Mo–Do 9.30–23 Uhr, Fr 9.30–0.30, Sa 8.30–0.30, So 8.30–23 Uhr. Sehr stylishes großes Wellnesscenter in einem schicken Jugendstilgebäude unweit der Porta Romana im Südosten der Innenstadt. Ein besonderer Gag ist die Bio-Sauna in der Tram, also im Innern eines alten ausgemusterten Mailänder Straßenbahnwaggons. Samstags und sonntags Buffet von 8.30 bis 9.30 Uhr. Gestaffelte Preise. Ganztagesticket ab 45 €.

S153 [G3] **Spa im Luxushotel Baglioni,** Via della Spiga, 8, Tel. 02 77077. Kostspielige Anwendungen der Extraklasse ab 80 € aufwärts.

Wer **Outdooraktivitäen am Wasser** liebt, wird sich vor allem im Sommer für das breite Freizeitangebot am Idroscalo 36, Mailands künstlichem See etwas außerhalb, begeistern.

Sprache

Sicher kann man Mailand auch ganz ohne **Italienischkenntnisse** genussreich bereisen. Hotelangestellte und Touristenführer sprechen meistens **Englisch**, manchmal auch **Deutsch.**

Wer Mailand auf eigene Faust erleben möchte, tut gut daran, sich mithilfe eines Intensivkurses an der Uni oder der Volkshochschule und/oder geeigneter Literatur und Tonträgern zumindest gewisse Grundkenntnisse anzueignen – denn jedes zusätzliche Wort erspart Kosten und Mühen! Bereits für einen nur rudimentären Wortschatz ernten Reisende bei den Italienern viel Sympathie. Im Anhang dieses Buches ist eine kleine Sprachhilfe Italienisch zu finden (s. S. 130).

Slang Milanese

Wer (etwas) Italienisch spricht und vielleicht sogar schon einige Zeit in Italien verbracht hat, merkt rasch, dass Mailänder Italienisch anders aussprechen und intonieren als ihre Landsleute.

Manche meinen, die Mailänder Sprechweise verhalte sich zum (Hoch-)Italienischen etwa so wie Wienerisch zu Hochdeutsch. Soll heißen, „Schmäh“ ist im Spiel, also beispielsweise die Neigung, manche Vokale ausgesprochen in die Länge zu ziehen („milaneese“), aber auch einfach ganz grundsätzlich einen selbstbewussten, von übertriebener Bescheidenheit noch unverfälschten Ton anzuschlagen.

Außerdem gibt es eine ganze Menge Slang-Begriffe, die hauptsächlich oder nur in und um Mailand gebräuchlich sind. Kleines Beispiel: Mit den Ausdrücken „pila“ (wörtlich: „Stapel“) und „la fresca“ („das Frische“) bezeichnen Milanesi gerne Bargeld.

Stadttouren

Es gibt mehrere Anbieter organisierter Stadttouren. Sehr empfehlenswert ist die Agentur Zani Viaggi, die diverse Rundfahrten, geführte Thementouren (auch zu Fuß und mit dem Fahrrad) und Exkursionen im Programm hat – einige davon auch mit deutschsprachigem Guide.

- **154** [D3] **Zani Viaggi,** Foro Bonaparte, 76, nicht weit vom Castello Sforzesco, Mo–Fr 9–19, Sa 9–17, So 9–15 Uhr, Tel. 02 867131, www.zaniviaggi.it

Vor allem Reisenden, die das erste Mal in Mailand sind, können die oben offenen **CitySightseeing-Doppeldeckerbusse** empfohlen werden. Dank des **Audioguides** an Bord lernen aber auch „alte Hasen“ noch etwas dazu. Die knallroten Touristenbusse zirkulieren das ganze Jahr über auf **drei festen Routen** und funktionieren nach dem **Hop-on-hop-off-Prinzip**, das heißt Fahrgäste können an jeder der insgesamt 30 Haltestellen aus- bzw. zusteigen. Viele Reisende werden dieses System aus anderen Städten rund um den Globus kennen. Allein in Italien existieren bereits in über 15 Städten CitySightseeing-Busse.

Ein **Ticket** ist in Mailand mit 25 € (für Kinder von 5 bis 15 Jahren 10 €)

041ma Abb.: js

nicht gerade preisgünstig, gilt aber ab dem Zeitpunkt des Kaufs **48 Stunden lang für alle drei Linien.**

Tickets kauft man am einfachsten direkt beim Einsteigen. Im Preis der Fahrkarte sind auch kleine rote Kopfhörer enthalten, mit denen man während der Rundfahrt dem Audiokommentar lauschen kann – auch auf Deutsch. Wer möchte, erhält außerdem eine praktische Stadtkarte, in die der Fahrplan und die Routenverläufe eingezeichnet sind: die rote Linea A, die blaue Linea B und die grüne Linea C. Alle drei starten am **Foro Bonaparte** ganz in der Nähe des Castello Sforzesco ⓳. Jede Rundfahrt dauert ca. 90 Minuten.

Sehr interessant sind auch die angebotenen **Kombipakete**, z. B. City-Sightseeing Milano plus Dom-Ticket (inklusive Museum und Dachterrasse) für 35 € (Normalpreis) oder City-Sightseeing Milano Plus Ticket für Leonardos „Das letzte Abendmahl" für 50 € (Normalpreis) – allerdings nicht an allen Wochentagen.

› **Linie A** ist die interessanteste für Reisende, die mit knappem Zeitbudget nach Mailand gekommen sind und auf einer einzigen Fahrt möglichst viele Spitzensehenswürdigkeiten abfahren möchten. Auf der Route liegen unter anderem die Basilica di Santa Maria delle Grazie mit Leonardos „Das letzte Abendmahl", die Basilica di Sant'Ambrogio, die Basilica di San Lorenzo Maggiore und das nahe Navigli-Viertel, der Domplatz, das Teatro alla Scala und die Giardini Pubblici. Der erste Bus startet um 9.30 Uhr, der letzte um 17.30 Uhr. Dazwischen findet alle 30 Minuten eine Abfahrt statt.
› **Linie B** verläuft ein ganzes Stück parallel zur Linie A, hat aber außerdem eine Haltestelle am Hauptbahnhof und führt einmal um den Parco Sempione herum. Der erste Bus startet um 9.30 Uhr (sonntags schon um 9 Uhr), der letzte um 17.30 Uhr (sonntags sogar erst um 18 Uhr). Das Intervall dazwischen liegt bei 45 Minuten (sonntags 30 Minuten).
› **Linie C** startet zwischen 10.35 Uhr und 16.35 Uhr alle 90 Minuten und bringt Fahrgäste zu einigen westlich der Innenstadt gelegenen Zielen wie dem Stadio San Siro und dem Hippodrom, außerdem zum Cimitero Monumentale.

•**155** [D3] **CitySightseeing Milano,** Foro Bonaparte, 76, Ecke Via Cusani, Tel. 02 867131, www.milano.citysightseeing.it (mit weiteren Infos und einer interaktiven Karte)

Tolle Möglichkeiten für originelle Stadttouren sind außerdem:

- **TraMilano:** Mit der historischen **Tram n.1** geht es über ca. 20 Stationen durch die Innenstadt (www.tramilano.com, 15 €, bis 10 J. gratis, Audioguide inklusive, tgl. 8–24 Uhr). Achtung: Kein Rundkurs!
- **Veloleo:** Längliche, ein wenig eiförmige und seitlich offene Fahrrad-Rikschas können für City- und Shoppingtouren gebucht werden (www.veloleo.it, eine Std. für zwei Erw. + ein Kind bis 7 J. 45 €). Viele starten beim Vorplatz des Castello Sforzesco 19.

Telefonieren

Die **Landesvorwahl** von Italien ist die 0039, die **Ortsvorwahl** von Mailand die 02 – wobei die Null immer mitgewählt wird. Aus dem Ausland wählt man also 0039 02 plus die Rufnummer. **Auch innerhalb Mailands** muss bei Anrufen ins Festnetz die Ortsvorwahl mitsamt Null vorgewählt werden. **Italienische Mobiltelefone** werden ohne vorangestellte Null angewählt. Servicenummern, die mit der 800 beginnen, sind kostenfrei.

Mobilfunk innerhalb der EU ist mittlerweile nicht mehr teurer als zu Hause, sodass das Telefonieren mit dem von zu Hause mitgebrachten Mobiltelefon oft die vernünftigste Option ist.

Eine **Telefonkarte** *(carta telefonica)* erhält man in Bars, Tabakgeschäften, Postämtern, Zeitungskiosken und an Automaten.

Oben offen: die knallroten Busse von CitySightseeing

Unterkunft

Auch was Übernachtungsmöglichkeiten angeht, gehört Mailand **zu den eher teuren Pflastern.** Budget-Unterkünfte sind Mangelware. Vor allem in der Mode-Hochsaison und rund um besondere Termine wie die Eröffnung der Opernsaison am 7. 12. sind auch die kostspieligsten Unterkünfte belegt.

Eine ganz normale 3-Sterne-Unterkunft, schlicht und ohne Schnickschnack, verlangt in der Nebensaison für ein Doppelzimmer mit Frühstück meist um die 100 €. Sofern sie ausgesprochen verkehrsgünstig liegt, eventuell auch etwas mehr. Egal, ob man direkt beim Hotel oder über eines der populären Online-Portale reserviert, sollte man sich während des Buchungsvorgangs vergewissern, ob der angegebene Preis pro Zimmer oder pro Person gilt.

Die Preise können **saisonbedingt erheblich variieren.** Zum Beispiel gibt es zu Messezeiten enorme Aufschläge. Umgekehrt locken viele Häuser regelmäßig mit Sonderangeboten. Manchmal lohnt es sich, über ein Online-Vergleichsportal zu buchen, denn viele Hotels handeln mit den Portalbetreibern besondere Konditionen wie z. B. eine kostenfreie Stornierung bis kurz vor Anreise aus.

Zu den Übernachtungskosten kommt stets noch eine **CityTax** im Sinne einer Touristensteuer dazu. Sie richtet sich nach der Ausstattungskategorisierung und beträgt pro Person und Übernachtung maximal 2 bis 5 €.

Oft ist es sinnvoll, das **Frühstück** gleich mitzubuchen, da sonst vor Ort gerne mal 15 oder 20 € für die recht überschaubare italienische Vorstellung eines *piccola colazione* anfallen. Einige Hotels locken außerhalb der Messezeiten mit Sonderangeboten.

Wieder andere schließen in der Nebensaison, oft im August.

Alternativen zu den für italienische wie gesamteuropäische Verhältnisse teuren Mailänder Hotels gab es bis vor wenigen Jahren kaum. Eine richtige **Bed-and-Breakfast-Kultur** hatte sich nie etabliert, **Jugendherbergen** waren kaum vorhanden und zum **Campen** musste man recht weit raus fahren. Diese Situation hat sich mit dem Siegeszug der **Internetportale zur Privatzimmervermittlung** geändert.

Hotels

Domplatz und Umgebung

Die Vorzüge einer Unterkunft in der Nähe des Doms 1 liegen auf der Hand: Die meisten Sehenswürdigkeiten, Museen, Geschäfte und Plätze, für die Mailand zu Recht weltberühmt ist, können zu Fuß erreicht werden.

156 [E6] **Ascot** €€, Via Lentasio, 3, Tel. 02 58303300, www.hotelascotmilano.it, DZ ab 140 €. **Günstig gelegen:** Zweckmäßig eingerichtet, besticht das Hotel der Kette Best Western vor allem durch seine Lage nur eine U-Bahn-Station südlich des Domplatzes.

157 [F6] **Lloyd** €€, Corso di Porta Romana, 48, Tel. 02 58303332, www.lloydhotelmilano.it. **Lebhaftes Viertel:** Zwei U-Bahn-Stationen südlich des Doms und direkt neben der Universität versprüht das Lloyd rustikalen Charme.

158 [E4] **Seven Stars Galleria** €€€, Via Silvio Pellico, 8, Tel. 02 89058297, www.sevenstarsgalleria.com, DZ ab 680 €. **Luxus und Pracht:** Mitten in der Galleria Vittorio Emanuele II hat das Haus 2007 seine Pforten geöffnet. Nach offizieller Hotelklassifikation gibt es allerdings nur fünf Sterne. Würde es mehr geben, das Seven Stars Galleria bekäme sie: Jede der 25 Suiten ist individuell eingerichtet, selbstverständlich ausnahmslos geschmackvoll und äußerst hochwertig. Jedem Gast wird ein Butler zugewiesen.

Nördlich des Zentrums

Wer nördlich der Innenstadt logiert, ist näher an den beiden großen Stadtparks, Parco Sempione 20 und Giardini Pubblici 15. Außerdem werden Top-Spots wie die Pinacoteca di Brera 17 und der Cimitero Monumentale 33 schneller erreicht.

159 [eh] **Cristallo** €, Via Scarlatti, 22, Tel. 02 29517555, www.hotelcristallomilan.com. **Zweckmäßige Lage:** Sachlich und schnörkellos eingerichtet und nur 100 Meter vom Hauptbahnhof und den Flughafentransferbussen.

160 [F3] **Four Seasons** €€€, Via Gesù, 6/8, Tel. 02 77088, www.fourseasons.com/milan, DZ ab 680 €. **Wohlfühlen und genießen:** Empfängt seine Gäste mit luxuriösem Interieur in altehrwürdiger Kulisse. Unweit der Nobelmeile Via Montenapoleone logieren die Gäste in einem ehemaligen Kloster aus dem 15. Jahrhundert. Einige Zimmer sind mit edlen Antiquitäten ausgestattet. Mehrere Designer-Suiten. Die besonders noble Royal Suite verfügt über eine Dachterrasse mit bombastischem Blick über die Dächer der Stadt. Hoteleigenes Restaurant.

161 [H2] **Poerio** €, Via Carlo Poerio, 32, Tel. 02 29522872. **Schlicht und günstig:** Beispiel für eine schnörkellose Unterkunft in der Umgebung der Porta Venezia.

162 [fg] **Ramada Plaza** €€, Via Stamira D'Ancona, 27/A, Tel. 02 288541, www.ramadaplazamilano.it. **Ruhige Lage:** Versteht sich als innovatives Resort Hotel, das auch anspruchsvollere Geschäftsreisende zu schätzen wissen. Die Entfernung zum Zentrum erklärt die relativ günstigen Preise. Hervorragende Parkmöglichkeiten.

163 [G1] **Sempione** €, Via Finocchiaro, 11, Tel. 02 6570323, www.hotelsempione.it. **Nicht weit vom Stadt-**

EXTRAINFO

Buchungsportale

Neben Buchungsportalen für **Hotels** (z. B. www.booking.com, www.hrs.de oder www.trivago.de) bzw. für **Hostels** (z. B. www.hostelworld.de oder www.hostelbookers.de) gibt es auch Anbieter, bei denen man **Privatunterkünfte** buchen kann. Portale wie www.airbnb.de, www.wimdu.de oder www.9flats.com vermitteln Wohnungen, Zimmer oder auch nur einen Schlafplatz auf einer Couch. Diese oft recht günstigen Übernachtungsmöglichkeiten sind nicht unumstritten, weil manchmal normale Wohnungen gewerblich missbraucht werden. Einige Städte greifen deshalb regulierend ein.

park entfernt: 100 Meter von der Piazza Repubblica und damit etwas näher am Hauptbahnhof als am Domplatz überzeugt das Sempione mit moderner Ausstattung.

164 [dh] **Una Hotel Tocq** €€, Via A. De Tocqueville, 7/D, Tel. 02 62071, www.unahotels.it. **In stilvoller Umgebung:** Nicht weit vom Regionalbahnhof Garibaldi mitten im Modeviertel des Corso Como gelegen. Reisende, die Shoppen, Bars und Klubs ganz oben auf der Agenda stehen haben, werden sich hier wohlfühlen.

Westlich des Zentrums

Westlich der Innenstadt quartiert sich ein, wem im *centro storico* zu viel Rummel ist. Außerdem ist man von hier aus näher dran am Navigli-Viertel 31 und an einigen Kirchen und Museen, die man vom Domplatz aus vielleicht doch nicht zu Fuß ansteuern würde.

165 [C4] **King** €, Corso Magenta, 19, Tel. 02 874432, www.hotelkingmilano.com. **Praktische Lage:** Das Interieur ist *old-fashioned* mit reichlich dunklem Holz und gern auch schweren Vorhängen. Nicht weit vom Regionalbahnhof Cadorna entfernt.

166 [D7] **Milano Navigli** €€, Piazza Sant'Eustorgio, 2, Tel. 02 36553751, www.hotelmilanonavigli.it. **Reizvolle Umgebung:** Traumlage für Flaneure und Fans des romantischen Navigli-Viertels!

167 [B6] **Minerva** €, Corso Cristoforo Colombo, 15, Tel. 02 8375745, www.hotelminervamilan.com. **Flanieren und Shoppen:** Eines der günstigeren 3-Sterne-Häuser im Bereich der Innenstadt.

168 [C5] **Pierre Milano** €€€, Via De Amicis, 32, Tel. 02 72000581, www.hotelpierremilano.it. **Stil und Komfort:** Sehr schick und direkt an einer wichtigen Straße gelegen, ist das Pierre Milano relativ hochpreisig.

169 [A5] **Sant'Ambroeus** €, Viale Papiniano, 14, Tel. 02 48008989, www.hotelsantambroeus.it. **Schnorkellose Unterkunft:** Unweit der U-Bahn-Station Sant'Agostino östlich von Mailands Zentrum gelegen. Einige Top-Sights kann man zu Fuß erreichen.

Preiskategorien

Die Preiskategorien gelten für ein Doppelzimmer mit Frühstück.

€	bis 90 €
€€	90 € bis 200 €
€€€	über 200 €

Hostels

170 [D5] **Ostello Bello Medici** €, Via Medici, 4, Tel. 02 36582720, www.ostellobello.com/#ob_medici. **Originelles Konzept:** Das sehr zentral gelegene Hostel versprüht Jugendherbergs-

Charme. Einen Platz im Mehrbettzimmer gibt es schon für 28 bis 45 €. Ein DZ mit eigenem Bad ist weitaus teurer. Frühstück zu jeder Uhrzeit und viele weitere Annehmlichkeiten wie z. B. ein Klavier und eine hübsche Dachterrasse. Selbstbewusste Eigenwerbung: „The Superior Hostel Experience".

171 [eh] **Ostello Bello Grande** €, Via Roberto Lepetit, 33, Tel. 02 6705921, www.ostellobello.com/#ob_grande. **Am Hauptbahnhof:** Derselbe Betreiber und im Wesentlichen identische Konditionen wie das Ostello Bello Medici. Die Terrasse ist sogar noch ein wenig einladender.

Bed and Breakfast

172 [D5] **Bed & Breakfast Milano Duomo** €€, Via Torino, 46, Tel. 3477796170, www.bbmilanoduomo.it. **Preiswerte Unterkunft:** In der vierten Etage (Lift vorhanden) eines Gebäudes aus dem 18. Jahrhundert besticht das B&B mit für diese Unterkunftsform überraschend geschmackvollem Stil. Nur drei Gehminuten vom Domplatz entfernt.

Jugendherberge

173 [bh] **Ostello della Gioventù Piero Rotta** €, Via Martino Bassi, 2, Tel. 02 39267095, www.hostelmilan.org (auch auf Deutsch). 6-Bett-Zimmer ab 21 € pro Person, DZ ab 60 € pro Zimmer, für Gruppen auch mit Halbpension, Kinder unter 6 Jahren gratis, vom 23. bis 26. Dezember geschlossen. **Unschlagbar günstig für Gruppen:** Bietet alles, was man vernünftigerweise von einer Jugendherberge erwartet und ist über die Metrolinie 1 gut an die Innenstadt angebunden. Im Sommer und zu Messezeiten unter Umständen Preisaufschläge. Den obligatorischen Jugendherbergsausweis bekommt man zur Not auch vor Ort.

Verhaltenstipps

In Mailand wird größter Wert auf ein **tadelloses äußeres Erscheinungsbild** gelegt. *Bella figura* ist angesagt! Reisende, die einen guten Eindruck hinterlassen möchten, tun es den Mailändern gleich. In (besseren) **ristorantes** ist es üblich, mindestens zwei Gänge zu ordern, den *primo* und den *secondo*. Das **Rauchen in öffentlich zugänglichen Gebäuden** wird wie überall in Italien mit saftigen Geldstrafen geahndet. Bei **Kirchenbesichtigungen** nicht zu viel Haut zu zeigen, zeugt von Respekt und Stil.

Verkehrsmittel

Es gibt kaum Gründe, in Mailand mit dem eigenen Auto umherzufahren. Erstens fällt eine Citymaut an, zweitens sorgen das Einbahnstraßensystem und der Parkplatzmangel für nervenaufreibende Abenteuer und drittens stehen reichlich zuverlässige und preisgünstige öffentliche Verkehrsmittel zur Verfügung.

Für Kurzbesucher am interessantesten sind die **Metro** und unter Umständen einige ausgewählte Linien des **Tram- und Stadtbusnetzes.** Betrieben werden alle drei Verkehrsmittel von der **Azienda Trasporti Municipali** (ATM).

› **Azienda Trasporti Municipali (ATM),** kostenfreie Hotline Tel. 02 48607607 (tägl. 7.30–19.30 Uhr), www.atm.it (Italienisch und Englisch, mit Streckenberechnung und vielen Infos)

Taxis sind zahlreich vorhanden, aber verhältnismäßig kostspielig. Preis- und umweltbewusste Touristen nutzen ein **Leihfahrrad** (s. S. 118).

068ma Abb.: js

Metro

Derzeit gibt es **vier Metrolinien.** Eine fünfte, die M4, soll 2022 eingeweiht werden. Die für die meisten Touristen wichtigsten sind die **M1** und die **M2,** die sich an zwei Stellen begegnen, darunter auch am Regionalbahnhof Cadorna nahe des Castello Sforzesco 19. Betriebszeit ist täglich von ca. 6 bis 0.30 Uhr (Linie M5 bis 24 Uhr) und nur an zwei Tagen im Jahr verkürzt auf 7 bis ca. 19.30 Uhr (1. Mai und 25. Dezember). Metrostationen sind leicht an einem Schild mit weißem „M" auf rotem Grund zu erkennen.

Das **Ticket** für eine einfache Fahrt mit beliebigem Umsteigen ist 75 Minuten gültig und mit 1,50 € recht günstig. Für viele Reisende dürfte sich das **24-Stunden-Ticket** *(Abbonamento giornaliero urbano)* zu 4,50 € oder aber das **48-Stunden-Ticket** für 8,25 € lohnen (beide gelten auch für Bus und Straßenbahn). Beim Zutritt in den Untergrund müssen **Fahrkarten entwertet werden.** Achtung: Für **große Gepäckstücke** wird ein Extra-Fahrschein für 1,50 EUR benötigt. Als „groß" gilt dabei schon, was die Maße von Flugzeug-Handgepäck überschreitet.

Man erhält Fahrkarten entweder am Automaten, in Bars, an Kiosken oder in mit einem großen schwarzen „T" (für *tabacchi,* also „Tabakprodukte") gekennzeichneten Läden, außerdem auch über die **ATM-App** (s. S. 111) oder per SMS. Für ein 1,50-€-Ticket sind drei Großbuchstaben an die Nr. 48444 zu senden: ATM. Für den Zugang zur Haltestelle erhält man einen QR-Code auf sein Smartphone. Zum regulären Ticketpreis kommen die Kosten für die SMS hinzu. **Tipp:** Die MilanoCard (s. S. 109) bietet freie Fahrt in öffentlichen Verkehrsmitteln.

Große Metro-Stationen verfügen über **preisgünstige Toilettenkabinen,** die sich nach jedem Besuch vollautomatisch reinigen. Gut zu wissen: Ungefähr um Mitternacht schließen Mailands Metrostationen.

Busse, Tram und S-Bahn

Bus und Tram zu benutzen, ist für Besucher, die sich hauptsächlich in der Innenstadt aufhalten, nicht unbedingt notwendig. Wenn überhaupt, sind die **Trams** mit den Nummern 1, 2, 9, 29 und 30 von Interesse. Die beiden Erstgenannten cruisen mitten

Mit der historischen Tram die Stadt erkunden (s. S. 123)

durch die Innenstadt, Nr. 9 verbindet das Zentrum mit dem Regionalbahnhof Porta Genova unweit des Navigli-Viertels und Nr. 29 und 30 umrunden Mailand entlang des *Cerchia dei Bastioni* (auch *Cerchia delle Mura*) genannten Straßenrings, der dem früheren Verlauf der Stadtmauer aus spanischer Zeit folgt.

Die **Preise** für Tram und Busse sind dieselben wie für die Metro. Tickets kauft man nicht beim Fahrer, sondern ebenfalls an Automaten bzw. in Bars, an Kiosken oder in den *tabacchi*-Läden. Beim Einsteigen ans **Entwerten** denken!

Das Tramnetz ist riesig und lädt Besucher, die Mailand über das von den Metrolinien gut erschlossene Innenstadtgebiet hinaus sehen möchten, zu ausgedehnten Erkundungen ein. Die zum Teil sehr alten Waggons sind zum Leidwesen vieler Tram-Nostalgiker inzwischen größtenteils durch schicke, modernere ersetzt worden.

S-Bahnen *(Linee ferroviarie suburbane)* fahren in die Vororte.

Taxis

Eine (kurze) Taxifahrt durch ein Stück der Innenstadt schlägt mit etwa 10 € zu Buche. Nachts und am Wochenende liegen die Preise etwas höher.

› **Taxi-Ruf:** Tel. 024040 und 028585

Wetter und Reisezeit

Mailand ist **das ganze Jahr über eine Reise wert.** Das Patronatsfest am 7. Dezember mit Eröffnung der Opernsaison fällt sogar in den auch in Norditalien klimatisch nicht sehr gemütlichen Winter.

Mailand hat die niedrigste Jahresdurchschnittstemperatur aller italienischen Großstädte. Im Januar verzeichnet man eine durchschnittliche Temperatur von 3 Grad. Allerdings fällt das Thermometer auch im nebligen lombardischen **Winter** nur selten für längere Zeit unter 0 Grad.

Im **Sommer** werden tagsüber häufig heiße 30 Grad und mehr erreicht. Die Stadt gehört dann den Touristen, denn jeder Italiener, der es sich leisten kann, flüchtet spätestens Ende Juni in den Sommerurlaub. Viele touristisch relevante Einrichtungen haben dann verkürzte Öffnungszeiten oder sind ganz geschlossen. Die auch von den Witterungsverhältnissen her **optimalen Reisezeiten** sind das Frühjahr und der Herbst.

Wer kann, meidet Zeiten, in denen Mailand wegen bedeutender **Messe-Events** wie den Modewochen (s. S. 83) und dem Salone Internazionale del Mobile (s. S. 88) völlig überfüllt ist – was sich natürlich auch in höheren Preisen für die Unterkunft niederschlägt, sofern man überhaupt eine bekommt.

Wetter in Mailand

Durchschnitt	Jan	Febr	März	Apr	Mai	Juni	Juli	Aug	Sept	Okt	Nov	Dez
Maximale Temperatur	5°	8°	13°	18°	23°	28°	30°	29°	24°	17°	10°	6°
Minimale Temperatur	–1°	1°	5°	9°	13°	17°	19°	19°	15°	10°	5°	1°
Regentage	7	7	8	8	8	8	6	7	5	7	9	6

006ma Abb.: js

Kleine Sprachhilfe Italienisch

Die Sprachhilfe ist den Kauderwelsch-Sprachführern **„Italienisch – Wort für Wort“** und **„Italienisch kulinarisch“** aus dem Reise Know-How Verlag entnommen.

Aussprache

Hier sind diejenigen Buchstaben(kombinationen) aufgeführt, deren Aussprache abweichend vom Deutschen ist bzw. sein kann.

ie, ai, eu	Doppellaute werden immer getrennt ausgesprochen, also „i-e“, „a-i“, „e-u“.
c	wie „k“ vor den Selbstlauten a, o, u; wie „tsch“ in „Matsch“ vor den Selbstlauten e, i
ch	wie „k“
g	wie „g“ vor den Selbstlauten a, o, u; wie „dsch“ in „Dschungel“ vor den Selbstlauten e, i
gh	wie „g“
gli	wie „lj“
gn	wie „nj“ in „Tanja“
h	stumm, wird nicht gesprochen
r	gerolltes Zungenspitzen-r
s	am Wortanfang immer stimmloses „s“ wie in „Bus“; in der Wortmitte zwischen Selbstlauten stimmhaftes „s“ wie in „Rose“
st	spitzes „st“ wie in „Hast“
v	wie „v“ in „Vase“
z	stimmhaftes „ds“ wie in „Rundsaal“

Zahlen

0	*zero*
1	*uno*
2	*due*
3	*tre*
4	*quattro*
5	*cinque*
6	*sei*
7	*sette*
8	*otto*
9	*nove*
10	*dieci*
11	*undici*
12	*dodici*
13	*tredici*
14	*quattordici*
15	*quindici*
16	*sedici*
17	*diciassette*
18	*diciotto*
19	*diciannove*
20	*venti*
30	*trenta*
40	*quaranta*
50	*cinquanta*
60	*sessanta*
70	*settanta*
80	*ottanta*
90	*novanta*
100	*cento*
200	*duccento*
300	*trecento*
1000	*mille*
2000	*duemila*

Die wichtigsten Richtungsangaben

(a) sinistra	(nach) links
(a) destra	(nach) rechts
diritto	geradeaus
indietro	zurück
vicino	nah
lontano	weit
qui, qua	hier
lì, là	dort
accanto	nebenan
di fronte	gegenüber
davanti	vor, vorne
svoltare	abbiegen

+++ Die wichtigsten Wörter mit dem Bonus-Audiotrack des Kauderwelsch-

tornare	zurückgehen	*al semaforo*	an der Ampel
all'angolo	an der Ecke	*in centro*	im Zentrum
all'incrocio	an der Kreuzung	*fuori città*	außerhalb der Stadt

Die wichtigsten Fragewörter

chi?	wer?	*quando?*	wann?
che (cosa)?	was?	*perchè?*	warum?
come?	wie?	*quanto?*	wie viel?
dove?	wo(hin)?	*quanti/-e?*	wie viele?
di/da dove?	woher?	*quale?*	welche(r)?

Die wichtigsten Zeitangaben

oggi	heute	*(più) tardi*	spät(er)
domani	morgen	*di mattina*	morgens
dopodomani	übermorgen	*a mezzogiorno*	mittags
ieri	gestern	*di sera*	abends
l'altro ieri	vorgestern	*di notte*	nachts
adesso, ora	jetzt	*a mezzanotte*	um Mitternacht
subito	sofort	*lunedì*	Montag
fra poco	bald	*martedì*	Dienstag
sempre	immer	*mercoledì*	Mittwoch
mai	nie	*giovedì*	Donnerstag
prima	vorher	*venerdì*	Freitag
dopo	nachher	*sabato*	Samstag
(più) presto	früh(er)	*domenica*	Sonntag

Die wichtigsten Fragen

Gibt es ...?	*C'è ...?*
Ich brauche ...	*Ho bisogno di ...*
Ich möchte / Ich will ...	*Vorrei ... / Voglio ...*
Geben Sie mir bitte ...	*Mi dia ..., per favore.*
Wo kann man ... kaufen?	*Dove si può comprare ...?*
Wie viel kostet ...?	*Quanto costa / viene ...?*
Wie viel kostet das?	*Quanto costa?*
Was ist das?	*Che cosa è questo?*
Wo ist / befindet sich ...?	*Dov'è ...?*
Ich möchte nach ... fahren	*Vorrei andare a ...*
Wie komme ich nach ...?	*Come faccio ad andare a ...?*
Wieviel kostet die Fahrt nach?	*Quanto costa il viaggio per ...?*
Ist das der Zug nach ...?	*È questo il treno per ...?*
Wann fährt der Bus nach ... ab?	*A che ora parte l'autobus per ...?*
Bringen Sie mich bitte zu / nach ... (im Taxi)	*Mi porti a ..., per favore.*

Die wichtigsten Floskeln und Redewendungen

ja – nein	*sì – no*
bitte (um etw. bitten)	*per favore*
Bitteschön! (anbieten)	*Prego!*
(Vielen) Dank!	*Grazie (tanto)!*
Keine Ursache!	*Di niente! / Non c'è di che!*
Guten Morgen / Tag!	*Buongiorno!*
Guten Abend!	*Buona sera!*
Herzlich willkommen!	*Benvenuto!/Benvenuta!*
Wie geht es dir / Ihnen?	*Come stai / sta?*
(Sehr) gut. – Schlecht.	*(Molto) bene. – Male.*
Auf Wiedersehen! (du/Sie)	*Arrivederci! / ArrivederLa!*
Hallo!, Tschüss!	*Ciao!*
Bis später! / Bis morgen!	*A più tardi! / A domani!*
In Ordnung!	*Va bene!, D'accordo!*
Ich weiß (es) nicht.	*Non (lo) so.*
Guten Appetit!	*Buon appetito!*
Zum Wohl!, Prost!	*Salute!, Cin cin!*
Die Rechnung, bitte!	*Il conto, per favore!*
Entschuldige/n Sie!	*Scusa! / Scusi!*
Es tut mir leid!	*Mi dispiace.*
Gestatten!, Darf ich?	*Permesso?*
(Sehr) gern!	*(Molto) volentieri!*
Sag / sagen Sie mir!	*Dimmi! / Mi dica!*
Helfen Sie mir bitte!	*Mi aiuti, per favore!*
Hilfe!	*Aiuto!*

Nichts verstanden? – Weiterlernen!

Ich spreche nicht gut Italienisch.	*Non parlo bene l'italiano.*
Ich möchte Italienisch lernen.	*Vorrei imparare l'italiano.*
Wie bitte?	*Come?*
Was haben Sie gesagt?	*Come ha detto?*
Ich habe nicht verstanden!	*Non ho capito!*
Sprechen Sie Englisch?	*Parla l'inglese?*
Wie sagt man auf Italienisch?	*Come si dice in italiano?*
... auf Deutsch	*... in tedesco*
... auf Englisch	*... in inglese*
... auf Französisch	*... in francese*
... auf Niederländisch	*... in olandese*
Wie spricht man dieses Wort aus?	*Come si pronuncia questa parola?*
Wiederholen Sie bitte!	*Ripeta, per favore!*
Können Sie bitte langsamer sprechen?	*Può parlare più lentamente, per favore?*
Können Sie mir das bitte aufschreiben?	*Me lo può scrivere, per favore?*

Im Restaurant bestellen

Können wir bitte die Speisekarte/ Getränkekarte haben?	*Possiamo avere il menù/la lista delle bevande, per favore?*
Wir möchten bitte bestellen.	*Vorremmo ordinare.*
Was können Sie uns empfehlen?	*Cosa ci consiglia?*
Was ist das Tagesgericht?	*Cos'è il piatto del giorno?*
Was sind die Spezialitäten der Gegend?	*Quali sono le specialità della regione?*
Ich nehme als Vorspeise/ersten Gang/ zweiten Gang ...	*Prendo come antipasto/primo piatto/ secondo piatto ...*
Die Rechnung, bitte.	*Il conto, per favore.*
Stimmt so, danke.	*Va bene così, grazie.*

Die wichtigsten Einkaufsfloskeln

Ich suche ...	*Cerco ...*
Haben Sie ...?	*Ha ...?*
Wo kann ich ... finden?	*Dove posso trovare ...?*
Gibt es hier einen Markt?	*C'è un mercato qui?*
Wo ist der nächste Supermarkt?	*Dov'è il supermercato più vicino?*
Könnten Sie mir bitte helfen?	*Mi potrebbe aiutare, per cortesia?*
Ich hätte gern ...	*Vorrei ...*
Geben Sie mir bitte ...	*Mi dà ..., per favore.*
Wie viel kostet das?	*Quanto costa?*
Wie viel kostet das Kilo?	*Quanto costa al chilo?*
Etwas weniger/mehr, bitte.	*Un po' di meno/più, per favore.*
Danke, das genügt.	*Basta così, grazie.*
Danke, das ist alles.	*Grazie, è tutto.*
Um wie viel Uhr öffnen/schließen Sie?	*A che ora apre/chiude?*

Die wichtigsten Begriffe im Restaurant

menù	Speisekarte
primo	erster Gang
dessert (m)	Nachspeise
piatto del giorno	Tagesgericht
piatto	Teller
vino	Wein
acqua	Wasser
bottiglia	Flasche
coperto	Gedeck
forchetta	Gabel
cucchiaio	Löffel
carne (w)	Fleisch
frutta	Obst
contorno	Beilage
antipasto	Vorspeise
secondo	zweiter Gang
porzione (w)	Portion
lista delle bevande	Getränkekarte
tazza	Tasse
birra	Bier
pane (m)	Brot
bicchiere (m)	Glas
posate	Besteck
coltello	Messer
minestra	Suppe
pesce (m)	Fisch
verdura	Gemüse
insalata	Salat

PROVENCE
Marokko
Latium
Nordspanien
Norwegen
Tansania
Stockholm
Sylt
Amrum
Usbekistan
BONN
BERLIN
BELFAST
RIO DE JANEIRO
SEVILLA
BORNHOLM
Französisch
Singhalesisch
Slowakisch
Galicisch
Germana
china

Register

Der Autor

Jens Sobisch bereist Italien seit seiner Jugend. Dabei haben es ihm Sardinien und Norditalien ganz besonders angetan. Dieser CityTrip Mailand ist das Ergebnis seiner Begeisterung für die wundervolle Welt südlich der Alpen. Beim Reise Know-How Verlag verantwortet der gebürtige Franke außerdem drei Titel zu Cuba, darunter KulturSchock Cuba, sowie CityTrip Würzburg.

Sein **Resümee** nach zwei Jahrzehnten Mailand-Erfahrung: „Abseits des weltberühmten Domplatzes verzaubert Mailand seine Besucher nicht sofort, dafür aber nachhaltig – und Freunde stilvoller Genüsse kommen nirgendwo besser auf ihre Kosten als in der heimlichen Hauptstadt Italiens. Kreativität und gehobener Lifestyle stehen hier seit Jahrhunderten hoch im Kurs."

Schreiben Sie uns

Dieses Buch ist gespickt mit Adressen, Preisen, Tipps und Daten. Unsere Autoren recherchieren unentwegt und erstellen alle zwei Jahre eine komplette Aktualisierung, aber auf die Mithilfe von Reisenden können sie nicht verzichten. Darum: Teilen Sie uns bitte mit, was sich geändert hat oder was Sie neu entdeckt haben. Gut verwertbare Informationen belohnt der Verlag mit einem Sprachführer Ihrer Wahl aus der Reihe „Kauderwelsch".

Kommentare übermitteln Sie am einfachsten, indem Sie die Web-App zum Buch aufrufen (siehe Umschlag hinten) und die Kommentarfunktion bei den einzelnen auf der Karte angezeigten Örtlichkeiten oder den Link zu generellen Kommentaren nutzen. Wenn sich Ihre Informationen auf eine konkrete Stelle im Buch beziehen, würde die Seitenangabe uns die Arbeit sehr erleichtern. Unsere Kontaktdaten entnehmen Sie bitte dem Impressum.

Impressum

Jens Sobisch

CityTrip Mailand und Bergamo

3., neu bearbeitete und komplett aktualisierte Auflage 2018

ISBN 978-3-8317-3031-5
Printed in Germany

Druck und Bindung:
Media-Print, Paderborn

Herausgeber: Klaus Werner
Layout: amundo media GmbH (Umschlag, Inhalt), Peter Rump (Umschlag)
Lektorat: amundo media GmbH
Karten: Ingenieurbüro B. Spachmüller, amundo media GmbH
Anzeigenvertrieb: KV Kommunalverlag GmbH & Co. KG, Alte Landstraße 23, 85521 Ottobrunn, Tel. 089 928096-0, info@kommunal-verlag.de
Kontakt: Osnabrücker Str. 79, 33649 Bielefeld, info@reise-know-how.de

Alle Angaben in diesem Buch sind gewissenhaft geprüft. Preise, Öffnungszeiten usw. können sich jedoch schnell ändern. Für eventuelle Fehler übernehmen Verlag wie Autor keine Haftung.

Bildnachweis

Umschlagvorderseite: fotolia.com © Henry Bonn | Umschlagklappe rechts: Jens Sobisch
Soweit ihre Namen nicht vollständig am Bild vermerkt sind, stehen die Kürzel an den Abbildungen für die folgenden Fotografen, Firmen und Einrichtungen. Jens Sobisch: js | fotolia.com: fo | dreamstime.com: dt

Liste der Karteneinträge

Adressen

Hausnummern sind meist durch ein Komma abgetrennt. Häufige Abkürzungen bei Adressangaben:

ang. (angolo)	Ecke
d. (del/della/delle)	von
C./Cso. (Corso)	Allee/Hauptstraße
P./Pza. (Piazza)	Platz
S. (San/Santo/Santa/Sant')	heilige/heiliger
V. (Via)	Weg/Straße

Zeichenerklärung

10 Hauptsehenswürdigkeit
[A6] Planquadrat in den Karten

- Arzt, Apotheke, Krankenhaus
- Bar, Klub
- Bed and Breakfast
- Café
- Denkmal
- Friedhof
- Geschäft, Kaufhaus, Markt
- Hotel, Unterkunft
- Imbiss
- Informationsstelle
- Internetcafé
- Jugendherberge
- Kirche
- Museum
- Musikszene, Disco
- Parkplatz/-haus
- Polizei
- Postamt
- Restaurant
- Sehenswürdigkeit
- Sonstiges
- Sporteinrichtung, Therme, Spa
- Synagoge
- Theater

- M1 Metro-Halt
- S S-Bahn-Halt
- Tram-Halt
- Shoppingareal
- Gastro- und Nightlife-Areal
- Stadtspaziergang (s. S. 12)

Hier nicht aufgeführte Nummern liegen außerhalb der abgebildeten Karten. Ihre Lage kann aber wie die von allen Ortsmarken im Buch mithilfe der Web-App angezeigt werden (s. rechts).

Mailand mit PC, Smartphone & Co.

QR-Code auf dem Umschlag scannen oder **www.reise-know-how.de/citytrip/mailand18** eingeben und die **kostenlose Web-App** aufrufen (Internetverbindung zur Nutzung nötig)!

★**Anzeige der Lage und Satellitenansicht aller** beschriebenen Sehenswürdigkeiten und weiteren Orte
★**Routenführung** vom aktuellen Standort zum gewünschten Ziel
★**Exakter Verlauf** des empfohlenen Stadtspaziergangs
★**Audiotrainer** der wichtigsten Wörter und Redewendungen
★**Updates** nach Redaktionsschluss

GPS-Daten zum Download

Auf der Produktseite dieses Titels unter www.reise-know-how.de stehen die GPS-Daten aller Ortsmarken als KML-Dateien zum Download zur Verfügung.

Stadtplan für mobile Geräte

Um den Stadtplan auf Smartphones und Tablets nutzen zu können, empfehlen wir die App „Avenza Maps“ der Firma Avenza™. Der Stadtplan wird aus der App heraus geladen und kann dann mit vielen Zusatzfunktionen genutzt werden.

Die Web-App und der Zugriff auf diese über QR-Codes sind eine freiwillige, kostenlose Zusatzleistung des Verlages. Der Verlag behält sich vor, die Bereitstellung des Angebotes und die Möglichkeit der Nutzung zeitlich und inhaltlich zu beschränken. Der Verlag übernimmt keine Garantie für das Funktionieren der Seiten und keine Haftung für Schäden, die aus dem Gebrauch der Seiten resultieren. Es besteht ferner kein Anspruch auf eine unbefristete Bereitstellung der Seiten.

Mailand, Ausschnitt Stadtgebiet

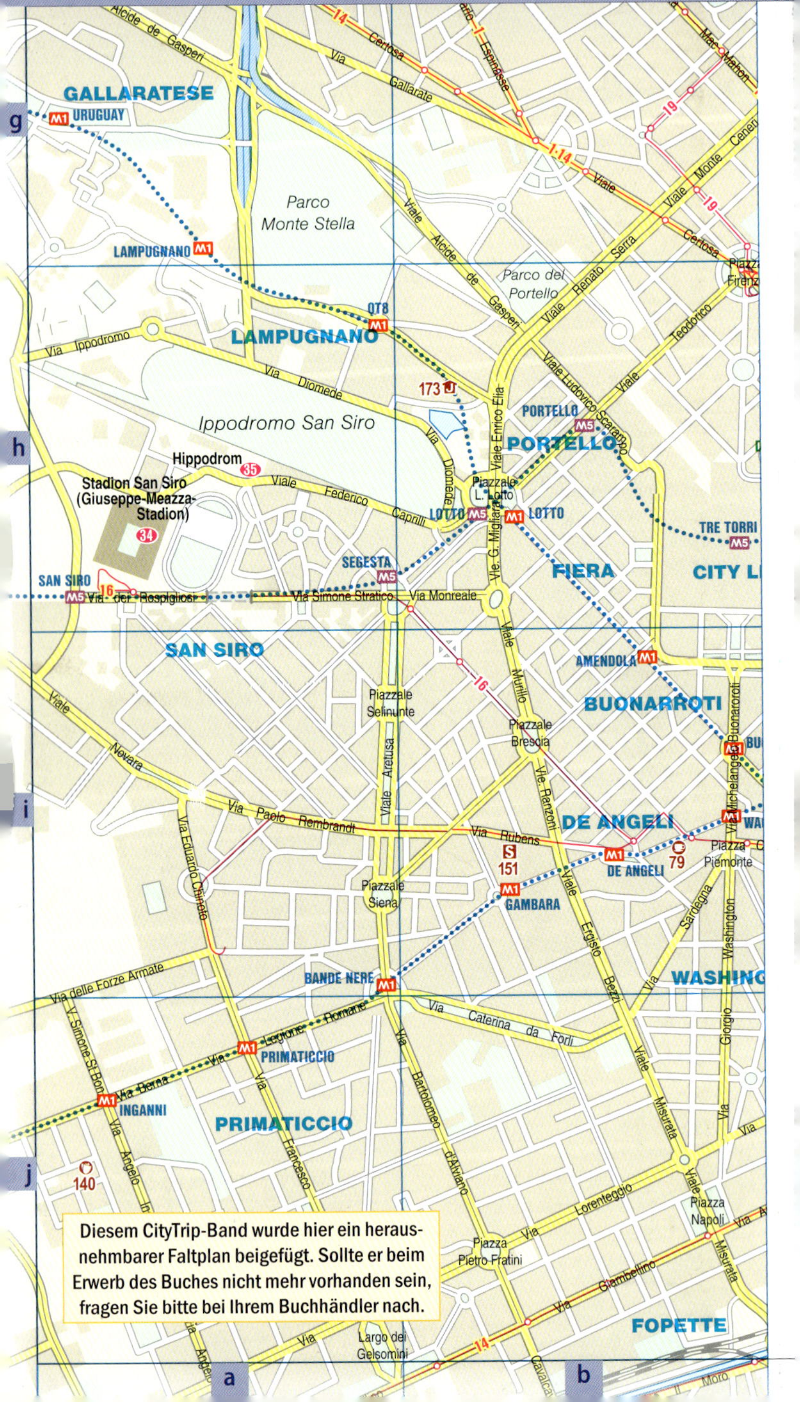

Diesem CityTrip-Band wurde hier ein herausnehmbarer Faltplan beigefügt. Sollte er beim Erwerb des Buches nicht mehr vorhanden sein, fragen Sie bitte bei Ihrem Buchhändler nach.